New INHA KOREAN 6
Workbook

인하대학교 언어교육원
Inha University
Language Training Center

새 인하 한국어 6

최권진, 남은영, 오솔샘, 정경화, 이희순 지음

인하대학교 출판부
INHA UNIVERSITY PRESS

지은이

최권진
인하대학교 KLC학과 교수
소피아대학교 언어학 박사

남은영
인하대학교 KLC학과 강사
인하대학교 문화경영학 박사

오솔샘
인하대학교 언어교육원 강사
이화여자대학교 국제대학원 한국어교육 전공 석사

정경화
고려대학교 국제어학원 한국어센터 강사
광운대학교 인제니움 학부대학 강사
이화여자대학교 일반대학원 국어교육학 박사 수료

이희순
인하대학교 언어교육원 강사
가톨릭대학교 대학원 한국어교육 전공 박사 수료

국립중앙도서관 출판예정도서목록(CIP)

새인하한국어 = New Inha Korean : 익힘책. 6 /
저자: 최권진, 남은영, 오솔샘, 정경화, 이희순. -- 인천 : 인하대학교
출판부, 2014
p. ; cm

ISBN 978-89-7407-967-3 14700 : ₩15000
ISBN 978-89-7407-961-1 (세트) 14700

한국어 학습[韓國語學習]
한국어 교재[韓國語敎材]

717.6-KDC5
495.78-DDC21 CIP2014028568

차 례

1 철학과 삶

어휘 학습

1. 다음 중 알맞은 것을 골라 문맥에 맞게 대화를 완성해 보십시오.

후유증	더듬더듬	곯아떨어지다	앞가림	겨냥하다	전대미문

① 가 : 이번에 새롭게 출시된 상품의 특징으로는 어떤 것이 있나요?
나 : 네, 이번 상품은 국내 시장이 아닌 유럽 내수 시장을 ______________ 만든 제품입니다.

② 가 : 동생은 이제 좀 괜찮아졌어요? 퇴원은 했지요?
나 : 많이 좋아지기는 했는데 사고 ____________(으)로 약간의 기억 상실에 시달리고 있어요.

③ 가 : 무슨 통계자료예요? 요즘 통계공부에 푹 빠져있는 것 같네요.
나 : 출산율 통계자료를 보고 있는데 한국의 출산율은 2004년도에 ________의 최저치를 기록했대요.

④ 가 : 어제 저녁에 같이 숙제하기로 해 놓고 연락이 두절되어 버리면 어떡하니?
나 : 미안해. 내가 어제 운동을 좀 과하게 해서 그런지 침대에 누웠는데 금세 ______________.

⑤ 가 : 어머, 얼굴에 웬 상처예요?
나 : 한밤중에 화장실에 가기 위해서 손으로 ___________ 문을 찾다가 문 모서리에 부딪혔어요.

⑥ 가 : 제 친구가 요새 공부를 너무 안 하는 것 같아요. 매일 클럽만 다니면서 춤만 춰요.
나 : 근데 너 지난 학기에 학사경고 받지 않았니? 남 걱정하기 전에 네 ___________이나 잘 해.

2. 다음 중 밑줄 친 것과 관계있는 단어를 골라 문맥에 맞게 빈칸에 쓰십시오.

도달하다	봉쇄하다	관철하다	타락하다	유포하다

① SNS 상에서 허위 사실을 <u>세상에 널리 퍼뜨린</u> 이 모 씨가 8일 만에 구속되었다.
( )

② 오늘부터 건물 증축공사를 위해 2호관을 전면 <u>굳게 막아 버리거나 잠글</u> 것입니다.
( )

③ 철인 3종 경기는 인간의 한계에 <u>가까운 수준에 미칠</u> 정도로 힘든 운동이다.
( )

④ 시민들은 그들의 요구가 <u>어려움을 뚫고 나아가 목적을 기필코 이룰</u> 때까지 투쟁할 것입니다.
( )

⑤ 배우 완빈이 9월 개봉 예정인 영화에서 <u>올바른 길에서 벗어나 잘못된 길로 빠진</u> 가수 역으로 돌아온다.
( )

3. 다음 중 알맞은 것을 골라 문맥에 맞게 문장을 완성해 보십시오.

실수를 감싸다	얼굴을 감싸다	딸을 감싸다

① 소녀는 창피한 듯 두 손으로 ________________________ 울기 시작했다.

② 교수님께서 학생의 ________________________ 오히려 독려해 주셨다.

③ 늘 ________________________ 어머니 때문에 아버지와 아들은 불만이 가득했다.

4. 다음 빈칸에 알맞은 단어를 찾아 문맥에 맞게 써 보십시오.

생존자	사막	영양실조	공포감	목마름

아프리카를 지나던 비행기가 추락했다. 비행기 탑승자 50명이 생존하였고 그들은 가도 가도 끝이 없는 ①__________을/를 벗어나기 위해 길을 걸었다. 그들은 타들어가는 ②__________와/과 언제 구조될지 모르는 불안감에 휩싸였다. 그리고 밤이 되면 찾아오는 ③__________와/과 싸우며 하루하루를 이겨냈다. ④__________들은 포기하지 않고 계속 마을을 찾았다. 그러나 아이들은 ⑤__________(으)로 쓰러졌으며 사람들도 하나둘씩 지쳐갔다. 그러던 중 사막을 지나던 아프리카 원주민들의 도움으로 그들은 구조되었다. 10일 동안의 사막에서의 생존 싸움은 그렇게 끝이 났다.

양육권	성립되다	아동학대	소홀하다	비인간적

온라인 게임중독에 빠진 22살의 한 아버지가 3살 아이를 5일 동안 굶긴 ⑥__________인 사건이 발생했다. 다행히도 아이는 재빨리 응급실로 옮겨져 현재 병원에서 치료를 받고 있으며 아버지는 경찰서에서 조사를 받고 있다. 경찰은 이 아버지가 게임에 빠져서 아이를 돌보는 것을 ⑦__________ 하다가 이런 일이 생겼다고 밝혔다. 최근 이 사건 외에도 아이를 대상으로 하는 ⑧__________ 범죄가 나날이 늘어나고 있다. 외국의 경우 아동학대죄를 저지른 사람에게는 ⑨__________을/를 뺏는 것은 물론이고 무기징역에 해당되는 정도의 형량을 선고한다. 그러나 한국은 아직까지는 이런 범죄에 대한 처벌이 외국에 비해서는 무겁지 않다. 이번 사건을 계기로 이런 범죄도 엄중한 처벌을 받을 수 있도록 법이 ⑩__________(으)면 좋겠다.

읽고 말하기

1. (아무리) V-기로서(니)

① 아무리 시간이 없기로서니 전화 한 통 안 하는 것은 이해가 안 돼요.

② 부장님이 일을 좀 시켰기로서니 그렇게 하기 싫다고 투정을 해야겠어요?

③ 아무리 남자친구를 사랑하기로서니 그와 헤어진다고 인생을 포기해서야 되겠니?

<더 생각해 보기>

- 아무리 **바쁘기로서니** 하루 30분 걸을 시간이야 없겠어요?
- 아무리 **바빠도** 하루 30분 걸을 시간이야 없겠어요?
- 아무리 **바쁘다고 해도** 하루 30분 걸을 시간이야 없겠어요?

※ '(아무리) V-기로서(니)'를 사용하여 대화를 완성해 보십시오.

① 가 : 너는 왜 만날 때마다 늦게 나오냐? 너 이럴 거면 나한테 만나자고 하지 마.
나 : 내가 몇 번 ______________________ 그런 말은 좀 심하지 않아?

② 가 : 요즘 회사일이 너무 고돼서 이번 주까지만 일하고 그만두려고…….
나 : 아무리 ______________________ 그렇다고 해서 가장인 네가 일을 그만두면 되겠니?

③ 가 : 나는 이번 연휴 때 출근해야 해. 과장님이 마감이 가까우니까 빨리 일을 끝내야 한다고 하셨거든.
나 : 그래도 그렇지, 어떻게 그럴 수가 있어?
______________________ 연휴 때 출근을 한다는 게 말이 돼?

④ 가 : 팅팅, 너 또 내 샴푸 썼지? 그거 엄청 비싸고 구하기 어려워서 나도 잘 못 쓰는 거라고. 쓸 거면 나한테 허락이라도 받던가? 아니면 쓴 만큼 돈으로 주던가.
나 : 야, 내가 좀 ______________________ 돈으로 달라고 하는 건 너무 심하지 않아?

⑤ 가 : 벌써 여섯 번째 불합격이야. 아무리 노력해도 난 안 되나 봐. 이럴 때는 그냥 한국어 공부를 포기하고 고향에 돌아가고 싶어.
나 : ______________________ 1년 넘게 한 한국어 공부를 포기하고 고향에 돌아가는 건 아닌 것 같아.

⑥ 가 : 나 남자 친구랑 헤어졌어. 글쎄 며칠 동안 하도 연락이 안 돼서 걱정하고 있었는데 다른 여자가 생겼다고 문자를 보낸 거 있지? 이제 난 더 이상 남자를 믿을 수 없어!
나 : ______________________ 남자를 못 믿을 것까지야 있어?

⑦ ______________________

2. V-던 터에

① 전쟁으로 마을 사람들 모두 마을을 떠났던 터에 나만 홀로 남게 되었다.

② 열심히 공부해도 시원찮던 터에 연예인이 되겠다고 춤만 추고 돌아다녔다.

③ 시험이 쉬울 것으로 믿고 있었던 터에 첫 문제부터 막혀 버리니 당황스러웠다

※ 다음의 상황과 관계있는 말을 연결하고 'V-던 터에'를 사용하여 문장을 완성해 보십시오.

①	고향 음식을 먹고 싶었다.	㉠	갑자기 배가 아파서 음식 준비를 제대로 하지 못했다.
②	영화관에서 혼자 영화를 보고 집으로 돌아가고 있었다.	㉡	친구가 고향 요리를 해 주었다.
③	부상으로 인한 공백으로 오랜만에 경기에 출전했다.	㉢	얼마 전에 헤어진 여자/남자 친구를 우연히 만났다.
④	어느 학교로 진학을 할까 망설이고 있었다.	㉣	진학 상담 선생님께 조언을 구하기로 했다.
⑤	집들이로 손님맞이를 준비하고 있었다.	㉤	친구의 조언을 듣고 용기 내어 전화를 걸었다.
⑥	마음에 두고 있던 후배에게 데이트 신청을 하려고 한참을 고민했다.	㉥	부담스러웠지만 즐기려고 노력했다.

① ______________________________.

② ______________________________.

③ ______________________________.

④ ______________________________.

⑤ ______________________________.

⑥ ______________________________.

3. AV-노라면

① 열심히 사노라면 행복이 찾아오겠지.

② 꾸준히 걷노라면 몸이 한결 가벼워질 겁니다.

③ 조용한 곳을 찾아 가 그곳에 있노라면 세상이 평온해진다.

〈더 생각해 보기〉

- 그 카페에 앉아 **있노라면** 첫사랑과의 옛 추억이 떠오른다.
- 그 카페에 앉아 **있다(가) 보면** 첫사랑과의 옛 추억이 떠오른다.

※ 다음의 상황과 관계있는 말을 연결하고 'AV-노라면'을 사용하여 문장을 완성해 보십시오.

①	생활고에 지쳐 목숨을 버리는 사연들을 보고 있다. •	• ㉠	마치 온돌방에 누운 것처럼 따뜻하고 훈훈하다.
②	따끈한 차 한 잔에 좋아하는 시인의 시를 읽다. •	• ㉡	오래 전부터 알던 친구를 만난 느낌이 든다.
③	어눌한 말투지만 환한 웃음을 보고 있다. •	• ㉢	지친 몸과 마음이 치유되는 듯하다.
④	싱그러운 공기를 만끽하며 자연 속을 거닐고 있다. •	• ㉣	선생님의 서민적이고 소탈한 마음씨를 느낄 수 있을 것 같다.
⑤	작고 아기자기한 글씨를 유심히 들여다보다. •	• ㉤	이 문제를 개인만의 문제로 볼 수 없는 상황이다.

① ____.

② ____.

③ ____.

④ ____.

⑤ ____.

4. V-ㄹ/을망정

① 그 사람은 몸집은 왜소할망정 마음은 깊고 넓다.

② 이번 시험에 떨어질망정 부정행위는 하지 않았다.

③ 나는 가난하게 사는 사람일망정 마음은 언제나 부자이다.

<더 생각해 보기>

- 우리 학교는 비록 작고 시골에 있는 **학교일망정** 150년의 역사를 가진 학교이다.
- 우리 학교는 비록 작고 시골에 있는 **학교일지언정** 150년의 역사를 가진 학교이다.

※ 'V-ㄹ/을망정'을 사용하여 대화를 완성해 보십시오.

① 가 : 결혼 자금이 부족하면 부모님께 한번 말씀드리는 건 어때요?

나 : ____________________ 부모님께 손을 벌릴 수는 없어요.

② 가 : 어제 과음을 해서 아침 회의에 참석을 못했습니다. 죄송합니다.

나 : ____________________ 중요한 회의에 불참하는 게 말이 됩니까!

③ 가 : 유학생활에 적응하기 힘들면 지금이라도 고향으로 돌아가는 게 어때요?

나 : 여기에서 적응을 못할망정 ____________________.

④ 가 : 인연은 가까운데 있다는데 멀리서 찾지 말고 수현이와 진지하게 만나 보는 건 어때?

나 : 내가 혼자 살망정 ____________________!

⑤ 가 : 저 사람과는 가치관이 너무 달라서 동료로는 지낼 수 없을 것 같아요.

나 : 아무리 ____________________ 그것이 옳고 그르다고 할 수는 없어요.

⑥ ____________________.

듣고 말하기 2

1. V-ㄹ/을진대

① 지구의 앞날을 걱정할진대 환경오염 문제를 어떻게 방관하겠어요?

② 굶주림의 무서움을 알진대 어찌 난민을 모른다고만 하겠습니까?

③ 한국에서 태어난 남자일진대 국방의 의무를 피할 수 있겠습니까?

※ 다음의 상황과 관계있는 말을 연결하고 'V-ㄹ/을진대'를 사용하여 문장을 완성해 보십시오.

①	이렇게 복잡한 문제는 전공한 사람도 어렵다.	㉠	너무 자주 만나는 것도 생활에 지장을 주는 것 같아요.
②	연말이라 다들 바쁘다.	㉡	이번 우승은 그동안 노력한 결과일 것입니다.
③	지금도 그 사람의 진심을 믿지 못한다.	㉢	오히려 희생과 봉사로 생각했다니요?
④	열심히 일한 대가를 받는 것은 당연하다.	㉣	한 번에 모두 이해했다니 참으로 영특한 학생이구나.
⑤	운도 실력이다.	㉤	시간이 지난다고 알겠어요?

① ______________________________.

② ______________________________.

③ ______________________________.

④ ______________________________.

⑤ ______________________________.

쓰기

※ 다음을 읽고 각 문단의 중요 어휘와 중심 내용을 한 문장으로 써 보십시오.

당신은 어떤 습관대로 살고 있습니까?

중동고 교사 안광복

가 신나게 뛰노는 동물들을 보여주기로 유명한 어느 동물원 이야기이다. 너른 우리에서 다람쥐들은 관객들 앞에서 즐겁게 뛰어논다. 어린이들은 그 모습을 보면서 기뻐하고 때론 나도 저들처럼 걱정 없이 지냈으면 하고 씁쓸하게 미소 짓는 어른들도 있을 것이다. 하지만 다람쥐는 하루 종일 너른 우리에서 지내지 않는다. 대부분의 시간은 좁디좁은 상자 안에 갇혀 있다. 그러다가 동물원 여는 시간에 우리 밖으로 잠깐 나오는 것이다. 다람쥐가 자유를 맛볼 시간은 몇십 분 정도로 짧다. 다람쥐는 다시 좁은 상자에 들어가야 한다. 그러나 사람들은 이 사실을 모른다. 그래서 다람쥐가 왜 저토록 기쁨에 차 뛰노는지를 짐작하지 못한다. 눈앞에 드러난 모습만 보고 다람쥐들이 정말 행복하다고 생각하는 것이다.

나 연예인의 처지도 다람쥐와 별다르지 않다. 그들은 무대 위에서 별처럼 빛난다. 많은 아이들은 그들을 보며 스타가 되기를 꿈꾼다. 그런데 그들의 일상을 보고도 그런 생각이 들까? 대중의 사랑을 받는 연예인 대부분이 빼어난 외모를 가꾸는 데는 적잖은 돈과 노력을 들여야 한다. 또한, 먹고 싶은 음식을 못 먹고 운동도 거르지 않아야 한다. 춤과 노래, 연기는 더 말할 것도 없다. 고통스럽고 긴 인내의 시간에 비하면 그들이 누리는 영광의 순간은 찰나일 뿐이다.

다 역사에 길이 남는 인물들의 처지도 다르지 않다. 소설가 찰스 디킨스는 〈올리버 트위스트〉, 〈크리스마스 캐롤〉 등 독창적인 명작들을 많이 남겼다. 그럼에도 디킨스의 일상은 건조하기만 했다. 그의 아들에 따르면 디킨스의 하루는 시청 공무원보다도 더 규칙적이고 꼼꼼했다고 한다. 아침 7시에 일어나 8시에 아침 식사를 한다. 9시에 서재에 들어가 오후 2시까지 꼼짝없이 앉아서 글을 쓴다. 점심을 먹으러 잠깐 식당에 왔다가 다시 서재로 돌아간다. 그 후에는 시내나 시골길을 산책하며 머릿속으로 소설 얼개를 짰다. 이런 식으로 그는 하루 2,000단어 남짓 분량의 글을 써댔다. 그의 창의적인 생각은 규칙적인 노력의 결과인 것이다.

라 소위 말하는 벼락출세한 이들은 어떨까? 어느 날 갑자기 혜성처럼 떠오르는 스타들이 잠시의 인기가 스러진 후 어떤 삶을 맞던가? 오래토록 한 방울씩 떨어지는 낙숫물은 바위를 뚫을 수 있다. 이와 반대로 잠깐 동안 폭포처럼 쏟아진 물은 돌멩이에 흔적을 남기지 못한다. 가늘고 모질게 끝까지 이어지는 노력만이 위대함을 이루는 것이다. 물론 별다른 노력 없이도 잠깐의 행운이 찾아들 때가 있다. 이렇게 얻은 행복은 되레 재앙이 되기 십상이다. 로또 1등에 당첨된 이들이 패가망신하는 경우가 얼마나 많던가? 남다른 인생을 살고 싶거나 역사에 기억될 사람이 되고 싶은가? 우리가 이런 욕망을 품고 있다고 한다면 어떻게 살아야 할까?

마 미국 수필가 메이슨 커리는 꾸준히 계속될 좋은 습관을 만들라고 한다. 예를 들어보겠다. 자전거를 처음 탈 때는 무척 힘이 든다. 몸에 균형을 잡고 핸들로 가야할 방향을 가늠하여 장애물이 있는지도 살펴보고 이런 식으로 온 신경을 곤두세워야 한다. 처음 자전거를 타고 나면 몸과 마음도 금세 파김치가 되어 버린다. 반면 자전거를 능숙하게 타면 긴장할 일이 크게 줄어든다. 몸이 알아서 움직여 주는 덕분이다. 심지어 페달을 밟으며 이런 저런 생각에 골똘히 빠지기까지 한다.

바 칸트의 규칙적인 생활 습관은 널리 알려져 있다. 그는 자신이 살던 곳의 성당 벽시계가 칸트보다 정확하지 못할 것이라는 농담이 통할 정도의 사람이었다. 칸트는 새벽 5시에 칼같이 일어났다. 그러고는 오전 7시에서 11시까지 3시간 남짓을 강의 준비와 글 쓰는 일에 매달렸다. 칸트는 규칙적인 생활을 도덕 규칙처럼 여겼다고 한다. 칸트가 남긴 〈순수이성비판〉, 〈실천이성비판〉, 〈판단력비판〉은 인류 정신 역사의 방향을 결정지은 위대한 책이다. 이런 업적을 칸트는 예외 없는 생활습관으로 이루어냈다.

그렇다면 나는 어떤 생활 습관을 갖추어야 할까? 먼저 자신이 그 사람처럼 되고 싶은 인물을 떠올려 보자. 그 사람은 일상을 어떻게 꾸렸는지 하루하루를 어떤 노력으로 채워갔는지를 찬찬히 살펴보자. 옛 선비들은 공자나 맹자 같은 성현같이 살기를 바랐다. 그래서 말과 행동 하나하나를 곱씹으며 공맹 같은 몸과 마음을 갖추려고 매일같이 책을 읽었다.

사 그렇다면 당신이 닮고 싶은 위대한 인물은 누구인가? 그는 어떻게 일상을 꾸려가며 자신의 영혼을 만들었는가? 그들에게 꼭 배워야 할 핵심적인 습관은 무엇인가? 교육학계에서는 1만 시간의 법칙이 유행하고 있다. 하루에 3시간씩 10년을 투자하면 세상에 못 이룰 게 없다고 한다. 당신은 해야 할 일을 하루에 3시간씩 꾸준히 할 준비를 갖추고 있는가?

	중요 어휘	중심 내용
가 문단		
나 문단		
다 문단		
라 문단		
마 문단		
바 문단		
사 문단		

연습하기

※ 다음을 읽고 각 문단의 중심 내용을 한 문장으로 써 보십시오.

순자는 인간의 본성 속에 인의를 향한 타고난 선한 본성이 없다고 보았다. 인간의 본성은 선천적인 것으로 배우거나 노력으로 생겨난 것이 아니다. 사람들은 배우지 않았는데도 배고프면 밥을 먹으려 하고, 추우면 따뜻한 옷을 입으려 하고, 피곤하면 쉬려고 하고, 졸리면 자려고 한다. 이것은 인간이 욕망을 가지고 있고, 이 욕망은 누구에게나 있다는 것을 증명하는 것이다. 또한, 눈은 아름다운 색을 보려고 하고, 귀는 부드럽고 아름다운 소리를 듣는 것을 좋아하고, 입은 맛있는 음식을 먹으려 하고, 마음은 이익을 좇는 것을 좋아한다. 이것도 자연스러운 것으로 인간에게는 이러한 타고난 본성이 있다. 이것이 바로 자연적인 욕망이며, 남들보다 더 많이 욕망을 채우려고 함으로 인해 인간은 태어나면서부터 악하다고 주장했다.

① 중심 문장 :____________________________________

철학자 아리스토텔레스는 영원한 세계보다는 현실 속의 자연 현상에 대해 더욱 관심을 가졌다. 그래서 그는 학교를 세우고 그곳에서 생물학, 지리학, 물리학, 수학, 천문학을 연구하고 가르쳤다. 현실 속에서 진리를 찾고자 했던 아리스토텔레스는 철저히 실험하고 끊임없이 관찰하는 학자로서의 삶을 중요하게 생각했다. 하지만 행복한 삶을 위해서는 즐기며 사는 것도 필요하다고 주장했다. 이렇게 행복을 무엇보다 중요하게 생각했던 아리스토텔레스는 행복을 찾는 삶의 유형을 세 가지로 정리했다. 첫째, 쾌락과 만족을 누리는 삶, 둘째, 자유를 누리되 책임을 지는 삶, 셋째, 연구하는 철학자의 삶이라고 제시하였다. 이 세 가지의 삶이 조화롭게 어울려야 하며 중용을 실천하는 삶을 강조하였다. 중용이란 어느 한 쪽에 치우치지 않는 것을 말한다. 중용은 사람에게 타고난 것이 아니기 때문에 절제하는 습관이나 훈련을 해야 한다고 했다. 그런 이유로 그는 현실 속에서 중용을 실천하는 삶을 강조했다.

② 중심 문장 :____________________________________

먼저 서양 철학에서 인간을 보는 관점은 어떨까? 크게 인간을 동물이라고 보는 견해와 인간은 동물이 아니라고 보는 견해로 나눌 수 있다. 인간을 동물로 보는 관점에서는 인간이 신체 구조상 유인원과 유사하며 동물과 같이 식욕, 성욕, 수면욕 등의 본성을 가지고 있으며 공격적이고 이기적인 성향을 가지고 있기에 동물이라고 보는 것이라고 하였다. 반면에 인간이 동물이 아니라고 보는 관점에서는 인간은 환경과 자신에 대해 알고 있으며 생각하는 힘이 있다고 주장한다. 그렇기 때문에 인간만이 창조적이며, 학문과 사상, 제도 등을 발전시킬 수 있다고 하였다.

③ 중심 문장 :____________________________________

2 환경과 미래

어휘 학습

1. 다음 중 알맞은 것을 골라 문맥에 맞게 대화를 완성해 보십시오.

물씬	한층	발돋움	복원하다	불가피하다

① 가 : 이것 좀 보세요. 미정 씨가 사 온 꽃이래요. 참 예쁘지요?
　나 : 삭막한 사무실에 꽃을 꽂아 두니 분위기가 ______________ 밝아진 것 같네요.

② 가 : 팀장님이 갑자기 해외 발령이 나셨다고요?
　나 : 네, 그동안 추진해 온 사업에 대한 전면 수정이 ________________게 되었어요.

③ 가 : 장미 축제 현장에 나가 있는 기자를 연결해 보겠습니다.
　나 : 네, 저는 지금 봄 향기가 ________________ 풍기는 축제 현장에 나와 있습니다.

④ 가 : 청계천을 ________________________ 것에 대한 시민들의 반응이 어떻습니까?
　나 : 옛 모습을 되찾을 것이라는 기대가 있는 한편, 그 지역 상인들이 일터를 잃게 될 것을 우려하는 시선도 있습니다.

⑤ 가 : 기업이 현재의 모습으로 성장한 요인이 무엇이라고 생각하십니까?
　나 : 작은 회사에서 시작하여 세계적인 기업으로 ____________할 수 있었던 것은 우수한 제품과 편리한 서비스를 제공했기 때문일 것입니다.

2. 다음 중 밑줄 친 것과 관계있는 단어를 골라 문맥에 맞게 빈칸에 쓰십시오.

가공하다	절실하다	만발하다	기인하다	직결되다

① 환경오염 방지를 위한 대책을 마련하는 것이 현시점에서 <u>매우 필요하다</u>.
( )

② 장인의 손길을 거치지 않으면 평범한 돌일 뿐이지만 이것을 <u>잘 다듬어서 만들면</u> 가치 있는 보석이 된다.
( )

③ 음식물은 인간의 건강에 <u>직접적으로 영향을 주므로</u> 판매되기 전에 엄격한 심사 기준이 필요하다.
( )

④ 가족들이 모두 모인 식사 자리에서는 웃음꽃이 <u>한가득 피었다</u>.
( )

⑤ 도심의 집값 상승은 도시에서 살고자 하는 인구가 증가하는 것에 <u>그 원인이 있다</u>.
( )

3. 다음 중 알맞은 것을 골라 문맥에 맞게 문장을 완성해 보십시오.

몸에 배다	냄새가 배다	새끼를 배다

① 그는 규칙적인 생활이 ______________________ 사람이다.

② 정신없이 식사를 마치고 나오니 머리며 옷이며 고기 ______________________.

③ ______________________ 토끼는 매우 예민하므로 가까이 다가가서는 안 된다.

4. 다음 빈칸에 알맞은 단어를 찾아 문맥에 맞게 써 보십시오.

우려하다	우후죽순	개간하다	조성하다	휩쓸리다	하소연하다

도시에 거주하는 시민들이 근교에 텃밭을 ①__________ 주말 농장을 운영하는 사례가 늘고 있다. 그러나 산을 ②____________은/는 경우 장마철이나 집중 호우 시 토양이 빗물에 ③__________ 산사태가 일어날 위험이 있다. 본래부터 이 지역에 거주하던 주민들은 이러한 위험성을 놓고 ④_________고 있다. 이를 ⑤_________ 정부에서는 허가되지 않은 지역에 텃밭이 ⑥__________(으)로 생겨나는 것을 엄격하게 단속하겠다는 입장이다.

철저하다	폭설	막대하다	차단되다	악화되다

올해 겨울에 불어 닥친 한파로 인해 국가적으로 ⑦________ 경제적 손실을 입게 되었다. 최저 기온이 영하 20도로 예보되었으나 체감 온도가 영하 40도 이하로 떨어지면서 기상 상황은 더욱 ⑧___________. 이에 ⑨________까지 내리자 위험이 예상되는 일부 지역의 도로는 ⑩____________기에 이르렀다. 항공기 운항의 중단과 열차 지연 등의 교통 장애도 발생하여 그 손실액을 따져보기 어려울 정도이다. 이번 한파로 피해를 입게 된 주민과 지역에 대한 ⑪_________ 조사로 신속한 복구 작업이 이루어져야 할 것이다.

듣고 말하기 1

V-(으)냐/느냐 V-(으)냐/느냐

① 휴가철에 국내여행을 가느냐 해외여행을 가느냐 고민이 되었다.

② 집을 구할 때 대중교통과의 접근성이 좋으냐 나쁘냐가 중요한 요소로 고려되었다.

③ 올해 우리 회사가 목표 성장률에 도달할 것이냐 도달하지 못할 것이냐는 상반기 실적에 달려 있다.

※ 'V-(으)냐/느냐 V-(으)냐/느냐'를 사용하여 문장을 완성해 보십시오.

① 잠을 잘 시간이 많다 / 적다 / 퇴근 시간에 달려 있다

______________________________.

② 공부를 잘하다 / 못하다 / 수업 시간에 집중하기에 따라 달라진다

______________________________.

③ 돈을 벌다 / 기회가 있다 / 없다 / 차이일 뿐이다

______________________________.

④ 투자 / 소유자금이 여윳돈이다 / 아니다 / 추구하는 수익률과 감수해야 할 투자위험이 달라진다

______________________________.

⑤ 가 : ______________________________.

나 : ______________________________.

⑥ ______________________________.

읽고 말하기

1. V-ㅁ/음에 따라(서)

① 일조량이 많고 적음에 따라서 과일의 단맛과 신맛이 결정된다.

② 공장 시설이 낙후됨에 따라서 안전문제가 제기되어 기계의 점검과 교체가 시급하다.

③ 목소리의 높고 낮음에 따라서 그 사람에 대한 호감도가 달라진다는 연구 결과가 나왔다.

※ 'V-ㅁ/음에 따라(서)'를 사용하여 문장을 완성해 보십시오.

① 제품의 품질이 좋아지다 / 값도 비싸진다

______________________________.

② 유가가 많이 올랐다 / 국내 기름값도 조만간 오를 것이다

______________________________.

③ 미국 증시가 무너지다 / 경제가 어려워질 것이다

______________________________.

④ 깨끗한 공기가 유입되다 / 미세 먼지 농도가 낮은 청정한 대기 상태가 유지될 것이다

______________________________.

⑤ 올해 7월 한국어능력시험이 바뀌다 / 예년에 비해 합격률이 낮아질 것으로 예상된다

______________________________.

⑥ 심리학 연구는 과학적이다 / 객관성이 있고 엄격하게 진행되어야 한다

______________________________.

⑦ 노인 문제가 점점 심각해지다 / 노인 복지에 대한 정책도 개선되어야 한다

______________________________.

⑧ ______________________________.

2. V-ㄴ/은/는 까닭에

① 해가 저물어가는 까닭에 하던 일을 급하게 마무리 지었다.

② 성격이 급한 까닭에 해야 할 일을 곧바로 끝내야만 직성이 풀렸다.

③ 유명인의 아들인 까닭에 어렸을 때부터 사람들의 시선으로부터 자유롭지 못했다.

〈더 생각해 보기〉

- 휴가철이 **시작된 까닭에** 교통 정체가 더욱 심해졌다.
- 휴가철이 **시작되었으므로** 교통 정체가 더욱 심해졌다.
- 휴가철이 **시작되었기 때문에** 교통 정체가 더욱 심해졌다.

※ 'V-ㄴ/은/는 까닭에'를 사용하여 문장을 완성해 보십시오.

① 두 사람 모두 학생이다 / 지금 당장 결혼을 하는 것은 불가능하다

______________________________________.

② 나는 아이의 성격을 안다 / 아이를 혼자 있게 하지 않았다

______________________________________.

③ 밤새 눈이 많이 내렸다 / 버스가 운행되지 않았다

______________________________________.

④ 1997년 IMF 사태로 인하여 한국의 경제가 어려워졌다 / 쓸데없는 소비를 줄여야 했다

______________________________________.

⑤ 청소년의 성 문제가 많이 일어나고 있다 / 각 학교별로 효과적인 성교육이 실시되어야 한다는 목소리가 높아지고 있다

______________________________________.

⑥ 그 기사가 매우 중요하다 / 오늘 신문 1면에 실어야 한다

______________________________________.

⑦ 사람은 사회적 동물이다 / 혼자 살 수 없다

______________________________________.

⑧ ______________________________________.

듣고 말하기 2

1. DV-기가 이를 데(가) 없다

① 막내까지 분가를 하고 나니 집안이 적막하기가 이를 데 없다.

② 세계에서 가장 높은 건물 꼭대기 층에 올라서니 아찔하기가 이를 데가 없다.

③ 동네에 주차 공간이 부족하기가 이를 데가 없어서 주민들이 공영주차장을 세워달라고 건의했다.

〈더 생각해 보기〉

- 그 사람은 입맛이 **까다롭기가 이를 데 없다.**
- 그 사람은 입맛이 **까다롭기 한이 없다.**
- 그 사람은 입맛이 **까다롭기가 그지없다.**
- 그 사람은 입맛이 **까다롭기가 짝이 없다.**

※ 〈보기〉에서 알맞은 단어를 골라 'DV-기가 이를 데 없다'를 사용하여 대화를 완성해 보십시오.

간단하다	황홀하다	심란하다	답답하다	난해하다

① 가 : 지난 주말에 제주도에서 학회가 있었다면서?

나 : 응, 학회도 있고 오랜만에 여행도 할 겸해서 갔는데 제주도는 언제가도 ______________

____.

② 가 : 걔네 둘 어제 또 치고 받고 싸웠다며? 걔네는 툭 하면 싸우고 그러더라.

나 : 그러니 말이야. 연인끼리 싸우는데 내가 나서서 말리자니 그것도 아닌 거 같고 가만히 있자니

____.

③ 가 : 음식이 정말 맛깔스러워 보이네요. 매번 느끼는 거지만 수진 씨의 요리 솜씨는 비슷하게 흉내 내기도 어려워요. 무슨 비법이라도 있는 건가요?

나 : 쑥스럽게 비행기를 태우고 그러세요. 두고 보면 ______________________.

④ 가 : 어제 베니스 영화제에서 호평을 받은 영화를 봤는데 평소에 즐겨 보던 영화 장르가 아니라 그런지
____.

나 : 원래 영화제에서 좋은 평가를 받은 영화들이 대체로 어렵고 대중적이지는 않아.

⑤ 가 : 아침부터 왜 그렇게 침울하게 있니?

나 : 어제 한국어능력시험 결과를 보니 _______________________________.

⑥ 가 : ____.

나 : ____.

⑦ ____.

2. AV-(으)려야 -(으)ㄹ 수가 없다.

① 그토록 바랐던 일이 이루어지니 흥분한 나머지 마음을 다잡으려야 다잡을 수가 없다.

② 사람들이 내 표정만 봐도 감정 상태를 곧바로 알아차리니 내 마음을 숨기려야 숨길 수가 없다.

③ 처음 본 사람임에도 불구하고 도움을 요청하는 간절한 눈빛에 모르는 척 하려야 할 수가 없었다.

〈더 생각해 보기〉

- 그 사람의 얼굴을 **떠올리려야 떠올릴 수가 없다.**
- 그 사람의 얼굴을 **떠올리려고 해도 떠올릴 수가 없다.**

※ 빈칸을 채우고 보기와 같이 문장을 완성해 보십시오.

	원인 · 이유	결과
〈보기〉	친구가 나한테 거짓말을 자주 하다	참을 수가 없다
①	한국 음식을 이야기하다	
②	지금까지 그 사람만큼 사랑했던 사람은 없다	
③	사회생활을 할 때 인간관계가 중요하다	
④	사진을 찍고 싶은데 배터리가 없다	

〈보기〉 가 : 무슨 일로 그렇게 화가 난거야?

나 : 친구가 나한테 거짓말을 자주 해서 도저히 참으려야 참을 수가 없어.

① 가 : 한국하면 떠오르는 음식으로 뭐가 있을까요?

나 : 김치죠. ____.

② 가 : 언제까지 그렇게 마음 아파하고만 있을 거예요. 지금은 힘들겠지만 시간이 지나면 괜찮을 거예요. 시간이 약이라는 말도 있잖아요.

나 : ____.

③ 가 : 여보! 회식도 좋지만 건강을 생각해서 술자리는 좀 줄이는 게 어때요?

나 : 나도 그러고 싶어.

그런데 ____.

④ 가 : 여기 배경이 멋진데 저기에서 기념사진 한 장 찍고 가요.

나 : 오늘 사진을 너무 많이 찍었나 봐요.

____.

⑤ 가 : ____.

나 : ____.

쓰기

글 수정 및 평가하기

※ 다음은 '사막화'에 대해 인하대학교 언어교육원 학생이 작성한 글입니다. 다음 글을 잘 읽고 평가 기준에 맞춰 평가를 해 보십시오.

사막화는 지금 지구의 큰 문제가 되었다. 이는 자연적 그리고 인위적인 요인에 따라 토지가 식물을 자라날 수 없는 토지로 바뀌는 것이다. 이로 인해 원래의 잔디나 들녘은 사라져 토지를 파괴 되어 결국 모래가 많아졌다.

사막화를 일으키는 원인이 여러 가지가 있다. 우선 산림 벌채 발생하는 까닭에 수림의 대부분을 불태워 버렸고 수림을 복원하기가 꽤 오래 시간이 필요하다. 그리고 과도한 방목과 개간도 사막화의 원인 중의 하다이다. 농민과 유목민들은 식량 생산량과 가족의 양식을 확보하기 위해서 환경 파괴를 고려하지 않은 채로 개간하고 방목한다. 중요한 원인이 하나 더 있다. 수자원 감소 그야말로 사막화를 야기하는 치명적인 원인이다. 일상생활 속에 우리는 수자원 낭비 그리고 산업화가 발달함에 따라 공업 폐기물은 강나 바다에 흘러 들어가 수자원을 오염되었다.

사막화로 인해 생기는 피해로 황사 현상, 미세먼지, 질환의 발병, 식량 생산량 감소, 그리고 생태계 파괴 등 얘를 들 수 있다. 사막화가 확대함에 따라 생기는 문제가 심각한 만큼 우리는 해결 방법을 찾아내야 된다. 우선 우리가 손쉽게 실천할 수 있는 행동부터 노력해야 한다. 환경 보호를 생각하면서 수자원을 낭비하지 않고 휴지나 종이 사용을 줄이고 나무를 많이 심는 쉽지만 효과적인 방법이 있다. 그리고 사막화는 더 이상 한 나라의 문제가 아닌 이상 여러 나라와 손잡고 협력해서 법안을 마련하여 산림을 보호하고 사막화를 방지하기 위해서 애써야 한다.

– 인하대학교 언어교육원 학생글 –

1. 글의 내용과 구조를 평가해 보십시오.

구분	채점 근거	상	중	하
내용 및 과제 수행	① 주제와 관련된 내용으로 구성하였는가?			
	② 전달하고자 하는 내용이 명확하게 드러나는가?			
	③ 내용을 풍부하고 다양하게 표현하였는가?			
글의 전개 구조	① 시작과 마무리를 적절하게 구성하였는가?			
	② 글의 흐름이 매끄러우며 불필요한 내용은 없는가?			
	③ 내용의 전환에 따라 문단을 적절히 구성하였는가?			
나의 의견				

2. 어휘 및 문법 사용의 다양성과 정확성을 평가해 보십시오.

※ 교정부호

교정 부호	기능	교정 전	교정 후
V	띄어서 쓰기	하얀차가 지나갔다.	하얀 차가 지나갔다.
⌣	붙여서 쓰기	사람 마다 장점이 하나쯤 있다.	사람마다 장점이 하나쯤 있다.
‸	글자 넣기	나 집으로 돌아갔다. (는)	나는 집으로 돌아갔다.
	글자 빼기	너가조차 연락이 안 되는구나.	너조차 연락이 안 되는구나.
	글자 고치기	그 때 천화벨이 울렸다. (전)	그 때 전화벨이 울렸다.
	문법의 형태 오류	시간이 남았냐고 얘기했다.	시간이 남았다고 얘기했다.
?	다른 문법으로 바꾸기	너 때문에? 잘 끝났어.	너 덕분에 잘 끝났어.
?	다른 어휘로 바꾸기	그가 이 물건을 발견?했다.	그가 이 물건을 발명했다.
★	잘 쓴 내용	누이 좋고 매부 좋은 일이다.★	누이 좋고 매부 좋은 일이다.
=	지우기	그 때였다. ~~그가 들어왔다.~~	그 때였다.
	글의 순서 바꾸기	아주 그가 기뻐했다.	그가 아주 기뻐했다.
	줄 잇기	어느 봄날이었다. 꽃이 한창 피어 있었다.	어느 봄날이었다. 꽃이 한창 피어 있었다.
	줄 바꾸기	현수가 대답했다. "내가 같이 갈게."	현수가 대답했다. "내가 같이 갈게."
	글자를 오른쪽으로	가게는 오후 열시에 문을 연다.	가게는 오후 열시에 문을 연다.
	글자를 왼쪽으로	그래서 잘 듣는 것이 중요하다.	그래서 잘 듣는 것이 중요하다.

구분	채점 근거	상	중	하
어휘·문법의 다양성	고급 수준의 어휘를 다양하게 사용하였는가?			
	고급 수준의 문법을 다양하게 사용하였는가?			
	적절한 어휘를 선택하였는가?			
	적절한 문법을 선택하였는가?			
어휘·문법의 정확성	문법의 형태를 정확하게 사용하였는가?			
	맞춤법과 띄어쓰기를 정확하게 사용하였는가?			
	연결 어미와 접속부사를 적절하게 사용하였는가?			
	문어적인 특성에 맞게 글을 썼는가?			
나의 의견				

3. 수정한 내용을 참고하여 글을 다시 써 보십시오.

3 관혼상제

어휘 학습

1. 다음 중 알맞은 것을 골라 문맥에 맞게 대화를 완성해 보십시오.

관습적	정성껏	헌신적	이왕	알차다	태연하다

① 가 : 지영 씨는 힘든 일이 있었는데도 어쩜 저렇게 ____________________?
나 : 아마 약한 모습을 감춰보려고 일부러 아무렇지도 않은 척 하는 걸 거예요.

② 가 : 세시 풍속이 무슨 뜻이에요?
나 : 세시 풍속은 사계절을 따라 ____________________(으)로 반복되는 생활 양식을 말해요.

③ 가 : 이렇게 많은 음식을 혼자 준비하셨어요?
나 : 아니에요. 차린 것은 없지만 ____________ 준비한 식사이니 즐거운 마음으로 드셔 주시면 고맙겠습니다.

④ 가 : 한국어능력시험이 이렇게 쉽게 나올 줄 알았다면 나도 이번에 시험을 보는 건데…….
나 : ____________ 지나 간 일, 후회해 봤자 소용없어. 열심히 준비한다면야 언제라도 합격할 수 있지 않겠어?

⑤ 가 : 자식들은 언제쯤 철이 들어 부모의 마음을 헤아릴 수 있을까요?
나 : 아마 자식을 키워 봐야 부모에게서 받은 ________________인 사랑을 조금이나마 이해하겠지요.

⑥ 가 : 방학이 너무 짧아서 어디 여행 가기에도 애매하네요. 뭘 하면 좋을까요?
나 : 여행을 가지 않더라도 그동안 바빠서 하지 못한 것들을 하나하나 하면서 ________________ 보내는 건 어때요?

2. 다음 중 밑줄 친 것과 관계있는 단어를 골라 문맥에 맞게 빈 칸에 쓰십시오.

상응하다	대행하다	무색하다	기재하다	간소하다

① 과거에 비해 현대의 결혼식이 점차 소박하고 간략하게 진행되는 추세이다.
(   )

② 이 신청서에 이름과 주소를 정확하게 정해진 양식에 맞게 써 주십시오.
(   )

③ 여행사들은 인터넷으로 고객들의 항공권 구매와 호텔 예약을 대신해 주고 있다.
(   )

④ 다시 한 번 비리 문제가 발생하면 철저히 조사해 책임을 묻고 그에 어울리고 적합한 처벌을 할 것이다.
( )

⑤ 그 여배우는 세월의 흐름이 드러나지 않을 정도로 소녀의 이미지를 풍기고 있어 시선을 사로잡았다.
( )

3. 다음 중 알맞은 것을 골라 문맥에 맞게 문장을 완성해 보십시오.

떡이 굳다	몸이 굳다	얼굴이 굳다	말버릇이 굳다

① 누구나 사진을 찍을 때면 긴장해서 ______________________________.

② 뚜껑도 덮지 않고 그냥 두면 ______________________________ 마르기 십상이다.

③ 말은 곧 그 사람의 인격이므로 나쁜 ____________________아/어지기 전에 고쳐야 한다.

④ 요가를 처음하면 __________ 잘 되지 않고 여기저기 아프지만, 하면 할수록 점점 유연해진다.

4. 다음 빈칸에 알맞은 단어를 찾아 문맥에 맞게 써 보십시오.

추세	불화	원망하다	베풀다	온전하다	되새기다	되풀이되다

오늘날에 부부간의 갈등과 ①__________(으)로 이혼이 매우 빈번하게 일어나는 ②__________이다. 이런 안타까운 소식이 ③__________ 보니 어느 유학자가 한 말을 떠올리지 않을 수 없다. 옛말에 부부란 서로 손님 대하듯 조심하고 공경해야 한다는 말이 있다. 부부간에도 서로 존중하고 예의를 다하라는 의미이다. 우리는 상대방이 잘못하면 지적하고 화부터 내기 십상이다. 그러나 상대방에게 부족한 면이 있더라도 ④__________보다 되레 자신에게 책임을 돌리는 너그러운 마음을 ⑤__________ 보는 것은 어떨까? 물론 옛 말이 존재하던 때와 지금은 분명 다르다. 그러나 평생을 동고동락하는 부부의 다정한 모습은 세상 그 무엇보다 ⑥__________ 아름답기에 다시 한 번 옛말을 ⑦__________.

체면	여력	오죽	엄숙하다	일생일대	양가	장만하다	이실직고

⑧__________ 분위기의 장례가 끝나고 오빠는 가족 앞에서 그간 집을 떠나 있었던 이유에 대해 ⑨__________했다. 오빠는 ⑩__________의 허락 없이 결혼 서약을 하고 집까지 ⑪__________고 했다. ⑫__________의 가장 중요한 결정을 부모의 동의 없이 결정한 사실에 아버지는 체통과 ⑬__________을/를 무시하고 오빠에게 크게 호통을 치셨다.

나는 이럴 때 어머니가 계셨다면 ⑭__________ 좋을까 하는 생각이 들었다. 핑계 같지만 나 역시 바쁘고 해서 오빠 일에는 신경 쓸 ⑮__________이/가 없었기 때문이다.

읽고 말하기

1. N을/를 막론하고

① 근육운동은 남녀를 막론하고 필수이다.

② 이유 여하를 막론하고 어쨌거나 네가 잘못하였다.

③ 고부 관계의 문제란 동서고금을 막론한 인류 영원의 문제야.

④ 이번 사건으로 인해 지위의 고하를 막론하고 모두 처벌받았다.

⑤ 동서고금을 막론하고 여성이라면 당연히 아름다워지고 싶어 할 것이다.

〈더 생각해 보기〉

- 김치는 **남녀노소를 막론하고** 한국 사람이라면 누구나 좋아하는 음식이다.
- 김치는 **남녀노소를 불문하고** 한국 사람이라면 누구나 좋아하는 음식이다.

- **동서고금을 막론하고** 제일 예쁜 아이들은 책을 읽으며 꿈을 키우는 아이들이다.
- **동서고금을 불문하고** 제일 예쁜 아이들은 책을 읽으며 꿈을 키우는 아이들이다.

- **예나 지금이나 할 것 없이** 모든 여성은 아름다워지고 싶어 한다.
- 더운 날씨 탓에 **아이나 어른이나 할 것 없이** 얼음에 절로 손이 간다.

※ 〈보기〉에서 알맞은 단어를 골라 'N을/를 막론하고'를 사용하여 문장을 완성해 보십시오.

이유 여하	여야	남녀	동서고금	지위 고하

① ______________________ 단 몇 분이 늦어도 지각은 지각이다.

② 공직자에게 청렴은 ______________________ 최고 중요한 덕목 중의 하나이다.

③ 이번 오디션의 최종 우승자는 ______________________ 단 1명만 선발할 계획이다.

④ ______________________ 국회의원은 자신의 임무가 무엇인지 정확히 파악해야 한다.

⑤ 이런 재해사고가 재발할 시에 관련자는 ______________________ 처벌하겠다.

⑥ ______________________.

2. V-(으)랴마는

① 수진이가 벌써 약속 장소로 갔으랴마는 혹시 모르니 연락해 보거라.

② 겨울에 여름옷을 찾는 손님이 있으랴마는 혹시나 해서 구비해 놓았다.

③ 시험이 빨리 끝난다면 오죽 좋으랴마는 아직도 두 과목이 더 남았다.

〈더 생각해 보기〉

- 이번 한국어능력시험에 꼭 합격할 거예요 / 그래도 방심하지 않겠습니다.
- 이번 한국어능력시험에 **불합격하랴마는** 그래도 방심하지 않겠습니다.
- 이번 한국어능력시험에 **합격하지 않으랴마는** 그래도 방심하지 않겠습니다.
- 이번 한국어능력시험에 **당연히 합격하겠지만** 그래도 방심하지 않겠습니다.

※ 'V-(으)랴마는'을 사용하여 문장을 완성해 보십시오.

① 외국어를 배우는 것이 어렵다 / 끝까지 포기하면 안 된다

______________________________.

② 그날의 억울함을 잊을 수 없다 / 이제는 그 사람을 용서할 때가 되었다

______________________________.

③ 단풍이 아름답지 않은 산이 없다 / 그래도 설악산의 단풍이 단연 최고이다

______________________________.

④ 어머니의 생신을 잊어버리는 자식이 없다 / 그래도 모르니 언급해 주는 게 좋겠다

______________________________.

⑤ ______________________________.

듣고 말하기

1. V-ㄴ/은/는 이상

① 큰맘을 먹고 한국으로 유학을 온 이상 끝까지 해내야 한다.

② 그 분야에 전문가가 아닌 이상 함부로 평가를 내리기가 어렵다.

③ 제가 담당자로 온 이상 일찍 퇴근할 생각은 마십시오.

※ 다음 중 맞는 것을 골라 문장을 완성해 보십시오.

1) 음식을 이미 주문한 이상

① 바꿀 수 없어요. ( )

② 바꾸셔도 돼요. ( )

2) 경기에 출전하기로 한 이상

① 중간에 포기하는 것은 없다. ( )

② 힘들면 포기할 수 있다. ( )

3) 실패가 두려워서 도전을 하지 않는 이상

① 더욱 더 발전할 수 있을 거예요. ( )

② 더 이상의 발전은 없을 거예요. ( )

4) 인터넷 실명제를 실시하지 않는 이상

① 인터넷의 악성댓글 문제를 해결해야 한다. ( )

② 인터넷의 악성댓글 문제를 해결할 수 없습니다. ( )

5) 부모님의 반대를 무릅쓰고 결혼을 하기로 결정한 이상

① 결혼을 미룰 수가 없었다. ( )

② 결혼을 다시 한 번 생각하지 않을 수 없었다. ( )

※ 'V-ㄴ/은/는 이상'을 사용하여 대화를 완성해 보십시오.

① 가 : 이렇게 비가 많이 오는데 오늘 문화수업을 갈 수 있을까요?

나 : ______________________ 오늘은 문화수업을 못 가겠네요.

다른 날짜를 알아봐야겠어요.

② 가 : 다이어트를 한다면서 왜 이렇게 많이 먹어?

나 : 살을 빼겠다고 다짐을 해도 음식이 앞에 있으면 마음이 약해지는 걸 어떡해…….

가 : 아무리 먹고 싶더라도 ______________________ 포기하지 말아야지.

③ 가 : 이번 행사를 위해서 홍보를 많이 했는데도 불구하고 참가하는 사원이 별로 없네요.

나 : 자발적으로 참가하는 사원이 많이 ______________________ 강제로라도 참가 시켜야겠어요.

④ 가 : 이번 운동회에 참여는 하겠지만 다른 팀의 전략이 대단할 것 같아서 걱정이에요.

나 : 다른 팀의 전략이 대단하더라도 ______________________ 이기도록 노력해야지요.

⑤ 가 : 어떻게 하죠? 지난달에 이사를 했는데 난방비랑 전기세가 전에 살던 집보다 많이 나왔어요.

이번 달에 다시 이사할 수 있을까요?

나 : 계약서를 보시면 계약 기간이 1년이라고 되어 있어요.

이미 계약서에 ______________________ 1년 동안 이사를 할 수는 없어요.

⑥ 가 : 선생님, 검사 결과가 어떻습니까? 혹시 제 몸에 문제라도 있나요?

나 : 이번 검사 결과에서는 문제가 없습니다.

그러나 앞으로 계속 ______________________ 건강이 나빠지는 것은 시간문제입니다.

⑦ ____.

쓰기

※ 여러분 교재의 '듣고 말하기2'를 다시 들으면서 주요 내용을 필기해 보십시오.

※ '제례'에 대한 강의를 들으면서 빈칸에 알맞은 내용을 써 보십시오.

〈관혼상제, 제례〉

1. 제례의 종류

① ________: 해마다 돌아가신 분을 기리는 제사

② ________: 명절에 조상들에게 올리는 제사

2. 제사의 기원과 유래

① 제사를 지내는 것은 ________________ : 제례

② 조상의 은혜에 감사, 추모하여 ______________________________

3. 제사의 정치적인 의미

① 나라를 효과적으로 ______________________

② 유교사상

① 유교 정치의 근간: ______________

② 왕의 권력이 조상에서 나온다는 것을 보여주기 위해 ____________

왕권강화
: **제사**

4. 제사의 미래

① 오늘날 __________________로만 남음

① 사회가 변해도 사라지지 않고 부모를 추도할 거라고 봄.

제사의 간소화

연습하기

※ 강의를 들으면서 노트 필기를 해 봅시다.

1. 한국 사회의 변화의 원인

: ________________, ________________ 을/를 거치고 세계화의 흐름과 더불어

________________과 ____________가 한국 사회를 빠르게 변화시킴

2. 새롭게 등장한 가족의 형태는 무엇인가?

:________________, ________________, 대안가족과 같은 다양한 형태의 가족이 등장

3. 1인 가구의 급증의 원인

① 미혼과 이혼↑

② ________________________________

③ ________________________________

※ 학자들이 말하는 1인 가구 급증의 가장 큰 원인은?

: ________________와 가치를 중시하는 ________________가 확산

↔ 1인 가구의 급증을 사회문제로 보지 않는 이유는?

: 혼자 사는 사람이 증가하는 것은 ________________이며

이것 또한 하나의 ________________.

4 인천의 명소

어휘 학습

1. 다음 중 알맞은 것을 골라 문맥에 맞게 대화를 완성해 보십시오.

양식	수준급	문물	탐방	자태	침략

① 가 : 이번 봄철 웨딩드레스 디자인의 특징은 무엇인가요?
나 : 수줍은 듯 매혹적인 신부의 사랑스러운 ______________을/를 표현하려고 노력하였습니다.

② 가 : 한국 역사는 한의 역사라고 하는데 왜 그렇게 부르는 것이죠?
나 : 한국은 지리적인 여건 상 끊임없이 외세의 _______________을/를 받아 왔기 때문입니다.

③ 가 : 여배우 김민주 씨가 부산국제영화제 축하 공연에서 라틴댄스를 선보였다는데요, 추소연 리포터!
나 : 네, 여배우 김민주 씨의 예상 외의 __________ 춤 실력에 팬들도 깜짝 놀란 모습입니다.

④ 가 : 이번 현장 ___________________이/가 마련된 목적이 무엇입니까?
나 : 관내 문화유적지를 현장 방문해 문화유적지에 대한 올바른 지식을 취득하고자 마련된 것입니다.

⑤ 가 : 근대적 _______인 전화가 처음 한국에 들어왔을 때 신하들이 황제와 통화하게 되면 관복을 갖춰입고 전화를 향해 큰절을 세 번 하고 무릎을 꿇고 통화를 했다고 해.
나 : 전화로 황제의 목소리가 나오니까 당시로서는 전화가 황제라고 생각할 수밖에 없었을 거야.

⑥ 가 : 유럽 건축의 역사에 대한 책을 쓰셨는데요. 유럽에 가면 꼭 가봐야 하는 특별한 건물이 있나요?
나 : 유럽은 성당을 추천하고 싶습니다. 유럽의 도시는 성당을 중심으로 발달하게 되었습니다. 시대에 따라 도시에 따라 유행하던 다양한 건축 _______이/가 성당을 중심으로 건축된 것이지요.

2. 다음 중 밑줄 친 것과 관계있는 단어를 골라 문맥에 맞게 빈칸에 쓰십시오.

대항하다	소박하다	실감하다	우아하다	배반하다

① 여배우 이영하 씨는 <u>고상하고 기품이 있는</u> 사람이다.
( )

② 이 장군은 수십만 명의 적을 혼자 <u>맞서서</u> 싸웠다.
( )

③ 바람을 피우는 행동은 상대방에 대한 믿음과 의리를 <u>저버리고 돌아서는</u> 행동이다.
( )

④ 내가 꿈에 그리는 결혼 생활의 행복은 <u>꾸밈이나 거짓이 없고 수수한</u> 것이다.

( )

⑤ 인생은 고통의 연속이라는 것을 <u>실제로 체험하는 듯한 느낌을 받았다</u>.

( )

3. 다음 중 알맞은 것을 골라 문맥에 맞게 문장을 완성해 보십시오.

성격이 담백하다	맛이 담백하다	색이 담백하다

① 최영훈 씨는 ______________________ 사리사욕을 챙기지 않는 사람이다.

② 자연 그대로의 색을 입힌 천연 염색 한복은 일반 염색 한복보다 ____________________ 한복의 고급스러움을 한층 높여 준다.

③ 이 집의 산채 비빔밥은 매일 새벽 마니산 주변에서 딴 산나물을 손수 만든 천연 조미료로 완성해 ______________________ 것이 특징이다.

4. 다음 빈칸에 알맞은 단어를 찾아 문맥에 맞게 써 보십시오.

구조물	간직하다	고스란히	고심하다	고즈넉하다	현존하다

제주 유수암마을 남쪽 일대에 형성된 유수암공동목장은 오랜 세월을 겪으면서도 근대 제주 목축의 모습을 ①____________ 잘 ②__________ 목장이다. ③__________이/가 잘 정비된 목장 안으로 들어서면 멀리 한라산이 한눈에 들어온다. 아래로는 탁 트인 바다까지 훤히 내려다보이는 이곳은 목장이라기보다 오히려 산책로라고 해도 좋을 정도로 ④________________. 80년 세월 동안 마을공동체를 지탱하는 버팀목이 됐던 유수암 공동목장에서는 ⑤_____________ 전통 목축 문화를 어떻게 보전할 것이냐에 대해 ⑥__________________고 있다.

개화기	명소	낙락장송	등재되다	웅장하다

경복궁, 창덕궁, 창경궁, 덕수궁, 경희궁은 조선 시대 왕들이 거주하던 곳이다. 흔히 한국의 궁이라고 하면 경복궁을 떠올리기 쉽지만 태종부터 그 이후의 왕들은 창덕궁에 더 오래 머물렀다. 이 때문인지 유네스코 세계문화유산에 ⑦__________ 궁은 경복궁이 아니라 창덕궁이다. 나라의 공식적인 행사를 할 때 무대가 된 인정전은 ⑧________ 멋이 넘친다. 왕실 여인들의 생활공간인 대조전, 왕이 업무를 보던 선정전, 왕세자가 공부하던 성정각, ⑨________ 조선의 마지막 황실 가족이 살던 낙선재 등 건물마다 흥미로운 이야기가 담겨 있다. ⑩__________을/를 즐길 수 있는 창덕궁 후원 역시 놓쳐서는 안 되는 ⑪________________이다.

듣고 말하기 1

V-지 않고서는 (AV-ㄹ/을 수 없다)

① 이 회사는 보안 절차를 거치지 않고서는 들어갈 수 없다.

② 무슨 일이든 노력하지 않고서는 아무것도 이룰 수 없다.

③ 그 사람의 입장에 서 보지 않고서는 그 사람을 제대로 이해할 수 없다.

<더 생각해 보기>

- 6급까지 **공부하지 않고서는** 한국어를 공부했다고 할 수 없다.
- 6급까지 **공부하지 않으면** 한국어를 공부했다고 할 수 없다.

※ 'V-지 않고서는'을 사용하여 아래의 대상에게 조언해 보십시오.

	대상	조언
①	숙제를 다 하지 않은 학생	잠을 잘 수 없다
②	학생들의 다양한 학습 요구를 맞추지 않는 학교	프로젝트가 성공할 수 없다
③	아이를 자유롭게 두지 않는 부모	아이들과의 관계를 회복할 수 없다
④	학생증 없이 도서관에 들어가려는 학생	
⑤	꿈이 없는 친구	
⑥	새로운 정보 습득에 관심이 없는 사람	
⑦	국민들의 생활에 관심이 없는 정치가	
⑧		

① 숙제를 다 하지 않고서는 잠을 잘 수 없다.

② ______

③ ______

④ ______

⑤ ______

⑥ ______

⑦ ______

⑧ ______

읽고 말하기

1. V-다 보니(까) 그로 인해

① 교육비 부담이 크다 보니 그로 인해 맞벌이를 하는 집이 늘고 있다.

② 대학 입학시험이 다가오다 보니 스트레스로 인해 불면증에 시달리는 학생이 많아졌다.

③ 추운 날씨 속에서 산행을 무리하게 하다 보니 저체온증으로 인해 사망한 것으로 보입니다.

※ 'V-다 보니(까) 그로 인해'를 사용하여 문장을 완성해 보십시오.

	원인	결과
①	토론의 올바른 방법을 모르다	충동적으로 즉흥발언을 하다
②	장마철이 계속 되다	채소 값이 천정부지로 치솟다
③	취업문이 좁다	졸업을 미루는 대학생이 늘다
④	출산과 육아의 부담이 많다	결혼을 미루는 여성이 늘다
⑤	경력이 많다	경험에서 나오는 노하우가 많다
⑥	외래어를 무분별하게 남용하다	
⑦	환경오염이 심각하다	
⑧		

① ____

② ____

③ ____

④ ____

⑤ ____

⑥ ____

⑦ ____

⑧ ____

2. V-ㄴ/는댔자

① 지금 택시를 탄댔자 수업 시작 전에 도착할 수 있겠어요?

② 사장이랬자 동네에서 하는 조그만 가게의 사장일 뿐인걸요.

③ 아무리 빨리 읽는댔자 그 책을 하루에 다 읽을 수는 없다.

〈더 생각해 보기〉

- 이제 와서 **부탁한댔자** 이미 늦었다.
- 이제 와서 **부탁한다고 해도** 이미 늦었다.
- 이제 와서 **부탁해 봤자** 이미 늦었다.
- 이제 와서 **부탁한다 한들** 이미 늦었다.

※ 'V-ㄴ/는댔자'를 사용하여 대화를 완성해 보십시오.

① 가 : 저 식당 음식이 아주 맛있대요. 우리도 먹으러 갈까요?

나 : ______________________________? 우리 그냥 다른 거 먹어요.

② 가 : 팅팅 씨네 집이 아주 부자래요. 그래서 팅팅 씨랑 친하게 지내려고요.

나 : ______________________________?

그런 식으로 친구를 사귀면 나중에 분명히 후회하게 될 거예요.

③ 가 : 요즘 물가가 올라서 살기가 참 힘드네요.

나 : 맞아요. 요즘 시장에 가보면 물가가 얼마나 올랐는지 장바구니에 물건을 조금만 담아도 금세 10만 원이더라고요. 계속 이렇게 물가가 오른다면 ______________________________ 사는 게 나아지진 않을 거예요.

④ 가 : 로빈 씨, 며칠 후면 시험인데 공부 안 해요?

나 : 시험이 얼마 남지도 않았는데 ______________________________?

가 : 그렇다고 시험을 포기하면 어떻게 해요? 우리 같이 열심히 공부해요!

⑤ 가 : 팅팅 씨, 오늘도 밥 안 먹어요? 다이어트 시작했어요?

나 : 네, 다음 주에 소개팅이 있거든요. 아무래도 소개팅을 하려면 살을 좀 빼야 할 것 같아서요.

가 : ______________________________ 아주 잠깐은 날씬해지겠지만 건강이 나빠질 거예요.

⑥ 가 : ______________________________

나 : ______________________________

듣고 말하기 2

1. V-겠거니 하다

① 장마철이라서 오늘도 비가 오겠거니 생각하고 우산을 가지고 나왔다.

② 미국에 가면 영어 사전이 유용하겠거니 하고 챙겨갔는데 오히려 짐만 되었다.

③ 며칠이 지나면 감기가 낫겠거니 하고 병원에 가지 않았는데 요즘 감기는 잘 떨어지지 않네요.

<더 생각해 보기>

- 성형수술을 하면 얼굴이 **예뻐지겠거니 해서** 유명한 병원을 골라 예약했다.
- 성형수술을 하면 얼굴이 **예뻐지려니 해서** 유명한 병원을 골라 예약했다.
- 성형수술을 하면 얼굴이 **예뻐질 줄 알고** 유명한 병원을 골라 예약했다.

※ 'V-겠거니 하다'를 사용하여 문장을 완성해 보십시오.

	말하는 사람의 생각	말하는 사람의 행동	사실
①	가까운 거리라 20분이면 약속 장소에 도착할 것이다	천천히 준비했다	길이 막혀 1시간이나 걸렸다
②	친한 친구여서 알아서 돈을 갚을 것이다	독촉을 하지 않았다	1년이 지난 지금도 소식이 없다
③	나이가 어려 결혼을 안 했을 것이다	소개팅을 주선하려고 했다	알고 보니 두 아이의 엄마였다
④	내 책상 위에 꽃바구니가 놓여 있으니 나에게 온 선물일 것이다	꽃바구니에 있는 카드를 읽었다	잘못 배달된 것이다
⑤			
⑥			

① ____

② ____

③ ____

④ ____

⑤ ____

⑥ ____

2. V-ㄹ/을지언정

① 차라리 유학을 갈지언정 그와 헤어질 수는 없어요.

② 비록 문제에 대한 생각의 차이는 있을지언정 맞고 틀린 것은 없다.

③ 단어 시험을 망칠지언정 다른 사람의 시험지를 보지 않도록 해 주세요.

※ 'V-ㄹ/을지언정'을 사용하여 문장을 완성해 보십시오.

	예측할 수 있는 부정적인 결과	결심
①	공부를 계속하면 큰돈을 벌기 힘들다	학업을 포기하지 않다
②	숙제를 못 해서 선생님께 꾸중을 듣다	
③	사업에 실패해서 사람들의 비웃음을 사다	
④		돈 문제는 정확하게 하자는 말을 꼭 하다
⑤		양심에 거리끼는 행동은 하지 않다
⑥		

① ______________________________

② ______________________________

③ ______________________________

④ ______________________________

⑤ ______________________________

⑥ ______________________________

쓰기

1. 다음을 활용하여 설문지를 작성해 보십시오.

1) 설문 목적을 확실하게 정해 보십시오.

구분	질문
가장 좋은 방법은 무엇인가?	인천에서 가장 좋은 데이트 명소는 어디입니까?
실제로 어떻게 하고 있는가?	지금 여러분은 어디에서 데이트를 하고 있습니까?
지금 상황에 대한 느낌은 어떠한가?	지금 데이트를 하는 명소에 대해서 만족하고 있습니까?
이와 같이 느끼는 원인은 무엇인가?	만족하는 이유는 무엇입니까? 만족하지 않는 이유는 무엇입니까?
이 문제를 어떻게 해결할 수 있는가?	만족하지 않는다면 어느 명소에 가고 싶습니까?

구분	질문
가장 좋은 방법은 무엇인가?	
실제로 어떻게 하고 있는가?	
지금 상황에 대한 느낌은 어떠한가?	
이와 같이 느끼는 원인은 무엇인가?	
이 문제를 어떻게 해결할 수 있는가?	

2) 설문 대상을 정해 보십시오.

구분	예
몇 명에게 설문 조사를 할 것입니까?	
어떤 방법으로 설문 조사를 할 것입니까?	직접 만난다.
	전화로 한다.
	우편으로 보낸다.
	인터넷으로 조사한다.

3) 설문지를 만드는 방법을 알아 보십시오.

① 설문지를 배열하는 방법

1. 대답하는 사람이 관심이 있는 질문을 맨 앞에 놓는다.
2. 일반적인 질문부터 시작하여 특별한 질문 순서로 놓는다.
3. 제일 물어보고 싶은 질문은 중간 이후에 오도록 놓는다.

② 효과적으로 질문을 만드는 방법

<table>
<tr><th>질문 방법</th><th>질문</th></tr>
<tr><td rowspan="2">열린 질문</td><td>대답하는 사람이 자유롭게 대답하도록 하는 질문 방법이다.</td></tr>
<tr><td>예) 그곳이 데이트 장소로 좋은 이유를 열 가지 적으십시오.</td></tr>
<tr><td rowspan="2">좁은 질문</td><td>대답하는 사람이 '네, 아니요'로 대답하도록 하는 질문 방법이다.</td></tr>
<tr><td>예) 남자/여자 친구가 있습니까?</td></tr>
<tr><td rowspan="2">순위 질문</td><td>대답하는 사람이 좋아하거나 또는 싫어하는 순서로 항목을 선택하도록 하는 질문 방법이며, 항목이 너무 많으면 복잡하므로 10개 정도의 항목으로 제한하는 것이 좋다.</td></tr>
<tr><td>예) 당신이 좋아하는 인천 데이트 장소의 순위를 매겨주십시오.(1에서 10까지)
월미도 ( ) 학교 근처 ( ) 홈플러스 ( ) 신포시장 ( ) 부평 ( )
주안역 ( ) 차이나타운 ( ) 석모도 ( ) 강화도 ( ) 구월동 ( )</td></tr>
<tr><td rowspan="2">선택 질문</td><td>여러 가지 대답 중에서 하나만 선택하는 질문이다.
기타 항목을 만들 때에는 꼭 다른 의견을 쓰게 만들어야 한다.</td></tr>
<tr><td>예) 인천의 데이트 명소 중에서 어떤 곳을 제일 좋아합니까? ( )
① 월미도
② 부평
③ 차이나타운
④ 강화도
⑤ 송도
⑥ 기타 (____________)</td></tr>
<tr><td rowspan="2">정도 질문</td><td>설문 항목을 '좋음-나쁨, 가끔-자주, 찬성-반대' 등의 표현을 사용하며, 3점, 5점, 7점대를 가장 많이 사용한다.</td></tr>
<tr><td><table>
<tr><td>월미도는 데이트 명소로 어떻다고 생각합니까?</td><td>5
(아주 좋음)</td><td>4
(좋음)</td><td>3
(보통)</td><td>2
(나쁨)</td><td>1
(아주 나쁨)</td></tr>
<tr><td>데이트를 할 때 월미도를 자주 갑니까?</td><td>5
(항상)</td><td>4
(자주)</td><td>3
(보통)</td><td>2
(가끔)</td><td>1
(전혀)</td></tr>
</table></td></tr>
</table>

4) 인사말을 만들어 보십시오.

1. 대답하는 사람이 왜 설문지를 받게 되었는지에 대해 설명해야 한다.	한국에 살고 있는 외국인이기 때문에
2. 설문지의 목적에 대해 설명해야 한다.	외국인이 꼽은 인천 최고의 데이트 명소가 어디인지 조사하고자
3. 대답하는 사람의 의견을 중요하게 생각한다는 것을 알려야 한다.	성실하게 답변하여 좋은 자료가 될 수 있도록
4. 참여에 대한 감사를 표현해야 한다.	협조해 주시면 감사하겠습니다.

1. 대답하는 사람이 왜 설문지를 받게 되었는지에 대해 설명해야 한다.	
2. 설문지의 목적에 대해 설명해야 한다.	
3. 대답하는 사람의 의견을 중요하게 생각한다는 것을 알려야 한다.	
4. 참여에 대한 감사를 표현해야 한다.	

5) 위의 내용을 바탕으로 실제 설문지를 만들어 보십시오.

2. 설문 조사를 실시하고 설문 조사 결과를 분석하여 기사문을 써 보십시오.

5 합리적 소비

어휘 학습

1. 다음 중 알맞은 것을 골라 문맥에 맞게 대화를 완성해 보십시오.

애쓰다	부랴부랴	너그럽다	시초	잠재력	해지하다

① 가 : 수영 씨, 7년 열애의 비결이 뭐예요?
나 : 제 남자친구는 변덕스러운 저를 잘 이해해 주고 감싸줘요. 참 ____________ 사람이에요.

② 가 : 이제 귀국할 준비는 모두 마쳤니? 사용하던 휴대폰이랑 인터넷도 정리해야지?
나 : 응, 안 그래도 서울에 가는 김에 가까운 전화국에 들러 전부 ____________.

③ 가 : 어제 제주도로 내려간다는 친구는 잘 만났어요? 수다 떨다가 시간 가는 줄도 몰랐네요.
나 : 네, 그때 친구한테 전화를 받자마자 ____________ 나가 겨우 만났어요.

④ 가 : 공항에서 부모님과 작별인사를 했겠네. 기분이 어땠어?
나 : 그때는 굉장히 슬펐지만 부모님이 걱정하실 것 같아서 ________ 웃으며 손을 흔들어 드렸지.

⑤ 가 : 박사님, 한류가 세계의 주목을 받으며 많은 관심을 얻게 된 때가 언제라고 보시나요?
나 : 다양한 의견이 있지만 한류의 ________은/는 드라마 대장금 때부터가 아닌가 생각됩니다.

⑥ 가 : 감독님이 보시기에는 이번 영화에서 어떤 배우가 가장 인상적이었나요?
나 : 제 생각에는 배우는 눈빛이 살아 있어야 한다고 생각합니다. 눈빛을 봐서는 신인 배우인 영근 씨가 무한한 ________을/를 가지고 있지 않나 싶습니다.

2. 다음 중 밑줄 친 것과 관계있는 단어를 골라 문맥에 맞게 빈칸에 쓰십시오.

토로하다	책정하다	부과되다	능가하다	국한되다

① 도덕성이란 특정 계층에게만 <u>제한되어 정해진</u> 것이 아니라 모두가 지켜야 할 보편적인 기준이다.
( )

② 올해부터는 고가의 수입 차에 대해서는 30% 오른 세금이 <u>매겨져 돈을 낸다</u>.
( )

③ 그녀는 친한 친구에게 유학 생활의 불만을 <u>숨기지 않고 마음 속에 있는 것을 말했다</u>.
( )

④ 그 야구팀은 유명 야구 선수의 올해 몸값을 한화 1,100억 원으로 <u>계획을 세워 정했다</u>.
( )

⑤ 우리나라 축구 팀이 기술과 체력에서 상대 팀을 압도적으로 <u>뛰어넘는 실력을 갖췄다</u>.
( )

3. 다음 중 알맞은 것을 골라 문맥에 맞게 문장을 완성해 보십시오.

의견을 내세우다	업적을 내세우다	후보로 내세우다	불량배를 내세우다

① '새인하당'은 A후보를 대통령 ______________ 선거운동을 펼쳤다.

② 그는 당당하게 자신의 ______________ 끝까지 싸웠다.

③ 건물주는 세입자들에게 ______________ 위협하여 건물에서 나가게 했다.

④ 그 박사는 자신의 연구 ______________ 다른 이들보다 뛰어나다고 말하고 다녔다.

4. 다음 빈칸에 알맞은 단어를 찾아 문맥에 맞게 써 보십시오.

상환	마케팅	마일리지	대출금	무리하다	발권하다

해외여행에서 신용카드를 사용할 때 몇 가지만 명심하면 돈도 아낄 수 있을뿐더러 보다 안전하고 간편하게 카드를 쓸 수 있다. 먼저 해외 사용액이 많아 ①________ 부담이 크다면 출국 전 카드사에 할부 전환을 요청하는 게 좋다. 그리고 인하카드에서는 카드사용금액에 따라 1500원당 2마일, 그 외 일반 가맹점에서는 1마일씩 항공사 ②__________(으)로 적립해 준다. 게다가 인하카드 홈페이지에서 항공권을 ③________ 최대 7%의 할인을 받을 수 있다. 하지만 무리한 지출은 곧 큰 부담이 될 수도 있다. ④________ 신용카드의 사용은 대출로 이어지며 결국 ⑤________을/를 갚다 보면 다시는 여행을 꿈꿀 수 없다. 카드사의 ⑥________을/를 잘 이해하고 신용카드를 현명하게 사용하도록 하자.

한솥밥을 먹다	퍼지다	실직	사업가	선정되다

올해 인천문학상은 이현주 씨(인하대, 4년)로 ⑦____________. 그녀는 중학교 때 아버지의 ⑧____________와/과 가난으로 인해 삶을 포기한 적이 있었다. 그러다가 고등학교 때부터는 정신을 차리고 아르바이트를 하며 식구들을 챙겼다. 학비가 없어 학업을 포기하나 싶었지만 다행히 한 ⑨______________의 도움으로 대학에 진학할 수 있었다. 그녀는 최선을 다해 살았다. 그리고 자신의 삶을 이야깃거리로 삼아 글을 쓰기 시작했다. 그녀가 수상에 더불어 인터넷에 올렸던 소설이 SNS에 ⑩______________ 한 출판회사에서 연락이 왔다. 그녀는 곧 그 회사 사람들과 ⑪________________ 될 것이라고 한다.

듣고 말하기

V-ㄹ/을지니

① 그분이 오실 때까지 기다릴지니 들어오시면 연락을 주십시오.
② 내 것이 소중하면 남의 것도 소중할지니 어찌 네 생각만 하느냐?
③ 그대 곁에 영원히 머무를지니, 더 이상 슬퍼 말기를 바라오.

※ 다음의 상황과 관계있는 말을 연결하고 'V-ㄹ/을지니'를 사용하여 문장을 완성해 보십시오.

① 학생은 학업에 집중해야 한다.	•	• ㉠ 희망을 버리지 말고 기다려야 한다.
② 하나의 작은 움직임이 큰 기적을 부를 것이다.	•	• ㉡ 아르바이트는 방학처럼 여유가 있을 때 하는 것이 좋겠다.
③ 죄를 지으면 벌을 받는 것이 당연할 것이다.	•	• ㉢ 다시 한 번 확인해 볼 필요가 있다.
④ 사람은 모두 타고난 얼굴이 가장 예쁠 것이다.	•	• ㉣ 정치인이라도 피해갈 수는 없다.
⑤ 그 남자의 말은 아마 거짓말이었을 것이다.	•	• ㉤ 굳이 성형 수술을 할 필요가 있겠는가?

① ______________________________.

② ______________________________.

③ ______________________________.

④ ______________________________.

⑤ ______________________________.

읽고 말하기

1. AV-ㄴ/은 바(가) 있다/없다

① 그는 세계 대회에 여러 차례 출전한 바가 있다.

② 김치의 항암 효과는 이미 여러 논문에서 발표된 바 있다.

③ 그 문제는 사전에 의논된 바가 전혀 없다.

〈더 생각해 보기〉

- 아직 그 사건에 대해 **들은 바가 없으며** 조사를 기다리는 중입니다.
- 아직 그 사건에 대해 **들은 적이 없으며** 조사를 기다리는 중입니다.

※ 'AV-ㄴ/은 바(가) 있다/없다'를 사용하여 대화를 완성해 보십시오.

① 가 : 팅팅 씨가 한국에서 제일 유명한 무역 회사에 취직했다면서요?

나 : ____.

그래서 한국어와 중국어는 물론이고 영어까지 잘한다더라고요.

② 가 : 이번 선거에서 유권자들이 박 후보를 서울 시장으로 뽑은 이유가 무엇일까요?

나 : ____

이번에도 시민을 위한 여러 가지 정책을 펼칠 거라고 생각했기 때문이겠지요.

③ 가 : 골드사에서 새로운 핸드폰이 출시된다는 이야기가 있던데요. 한국은 몇 차 출시 국가가 될 것으로 보십니까?

나 : 골드사의 핸드폰은 한국에서 가장 많이 팔리고 있는 휴대폰이기 때문에 한국이 1차 출시 국가가 될 가능성이 큽니다. 하지만 골드사에 확인한 결과 ____________________

____.

④ 가 : 동계 전지훈련지로 강원지역의 명성이 날로 높아지고 있습니다. 지난해 11월 말부터 올 3월까지 동계기간 중 강원지역을 찾은 스포츠 전지 훈련팀이 1년 전보다 22.6% 증가했다고 합니다. 이런 현상이 왜 일어났을까요?

나 : 강원지역은 지난해 ____.

2. V-ㄹ/을 나위가 없다

① 선생님께서는 학생들에게 다시 설명할 나위가 없는 완벽한 수업을 하셨다.

② 이번 일로 가장의 위신이 땅에 떨어졌음은 더 이야기할 나위가 없다.

③ 인하대학교는 한국어를 공부하기에 더할 나위 없이 좋다.

<더 생각해 보기>

- 웃어른 앞에서 예의 있게 행동해야 하는 것은 **말할 나위 없는 일이다.**
- 웃어른 앞에서 예의 있게 행동해야 하는 것은 **당연한 일이다.**
- 웃어른 앞에서 예의 있게 행동해야 하는 것은 **두말할 나위 없이 당연한 일이다.**

※ 'V-ㄹ/을 나위가 없다'를 사용하여 대화를 완성해 보십시오.

① 가 : 이번에 개봉한 봉준석 감독의 새 영화 봤어?

나 : 그럼 벌써 봤지. 봉준석 감독의 영화는 ______________________________.

② 가 : 날씨가 정말 좋네요. 하늘도 구름 한 점 없이 맑고 꽃도 피어서 나들이나 산책을 가기에 ______________________________.

나 : 그렇네요. 이번 주말에 같이 가까운 산으로 등산 갈래요?

③ 가 : 이번 문화 수업은 6급이니만큼 인천에서부터 좀 멀리 떨어진 곳으로 가고 싶은데 좋은 장소가 없을까요?

나 : 전주 한옥 마을은 어때요?

전주 한옥 마을은 한가로운 정취를 느낄 수 있으면서도 젊은이들이 쇼핑할 만한 가게들이 많아서 ______________________________.

④ 가 : 이번에 새로 개발된 약이 부작용 없이 암을 완치하는 데에 도움이 된다고 하던데요.

나 : 암 환자 자신과 간병하는 가족들에게 ______________________________ 반가운 소식임에 틀림없네요.

⑤ 가 : ______________________________.

나 : ______________________________.

듣고 말하기 2

1. V-ㄴ/는답시고

① 그녀는 밥을 사준답시고 더운 여름날 버스 정류장에서 30분이나 나를 기다리게 했다.

② 친구는 위로한답시고 그런 말을 했지만 오히려 그 말이 나에게 더 큰 상처가 되어 버렸다.

③ 그는 연예인이랍시고 학교는 만날 결석에 과제나 시험도 매번 빠져서 성적이 엉망이다.

※ 'V-ㄴ/는답시고'를 사용하여 대화를 완성해 보십시오.

① 가 : 이번에 한 소개팅 어땠어? 내가 듣기로는 미모가 출중하다고 하던데.

나 : 야, 말도 마. ______________________ 남자 대하기를 무슨 머슴 부리듯 해서 앞으로 안 만나려고.

② 가 : 송이 씨는 점심시간에 ______________________________________ 식사를 거르기 일쑤야.

나 : 그렇게 자꾸 식사를 거르다 보면 건강이 나빠지기 마련일 텐데…….

③ 가 : 애초부터 상의해서 결정했더라면 이렇게까지 문제가 커지지는 않았을텐데요.

나 : 그 사람이 ______________________________ 문제를 크게 키운 셈이지요.

④ 가 : 저는 아이들의 미래를 생각해서 해외에서의 영어 조기 교육이 꼭 필요하다고 생각합니다.

나 : 저는 반대합니다. 어릴 때부터 ___________________________________ 부모님과 떨어져 해외에서 사는 것은 아이들의 정서에 좋지 않습니다.

⑤ 가 : ____.

나 : ____.

2. N은/는 차치하고(=차치하더라도)

① 우승은 차치하고 올해는 팀 전력 보강에 역점을 둘 것이다.

② 돈 문제는 차치하고 너에게 꼭 필요한 것인지 먼저 생각해 봐.

③ 노래 실력은 차치하고 그의 목소리는 희소가치가 있다.

<더 생각해 보기>

- 그 배우는 **연기력은 차치하고** 발음이 이상해서 대사 전달이 잘 안 되는 것 같아.
- 그 배우는 **연기력은 둘째치고** 발음이 이상해서 대사 전달이 잘 안 되는 것 같아.

※ 'N은/는 차치하고'를 사용하여 대화를 완성해 보십시오.

① 가 : 두 사람의 관계 회복이 생각처럼 잘 되지 않아 걱정이에요.

나 : 요즘 두 사람의 분위기로 보아 ______________________ 싸움이 나지 않는 것을 다행이라고 생각해야 할 것 같아요.

② 가 : 수학여행을 갈 때 학생들이 많을수록 1인당 학생이 부담해야 하는 비용이 줄어듭니다. 그러므로 많은 학생들이 갈 수 있는 장소로 가면 좋을 것 같습니다.

나 : 그건 너무 편협한 생각 아닌가요? ________________ 학생들에게 필요한 체험과 현장학습을 경험할 수 있도록 하는 게 교육 아닌가요?

③ 가 : 외국인 학생들이 한국에서 생활하면서 가장 어려움을 느끼는 부분은 한국의 금융 시스템에 대한 정보의 부재입니다. __________________________ 은행, 증권과 같은 금융 거래에 대한 지식이 부족하니 개인적인 금전문제를 처리하는 것이 어려워 지속적으로 문의가 많습니다.

나 : 그렇군요. 그럼 이번 학기에는 '한국 금융의 이해' 강좌를 개설하도록 하지요.

④ 가 : 안전 불감증에 대한 시선이 따갑습니다. 특히 사고 후에 신속한 구조가 이루어지지 않는다는 지적이 나오고 있는데요.

나 : __________________________ 이 모든 것을 책임지고 조율해야 할 책임자의 책임 의식 부재가 가장 큰 문제라고 할 수 있습니다.

쓰기

◆ 통계자료 이해하기

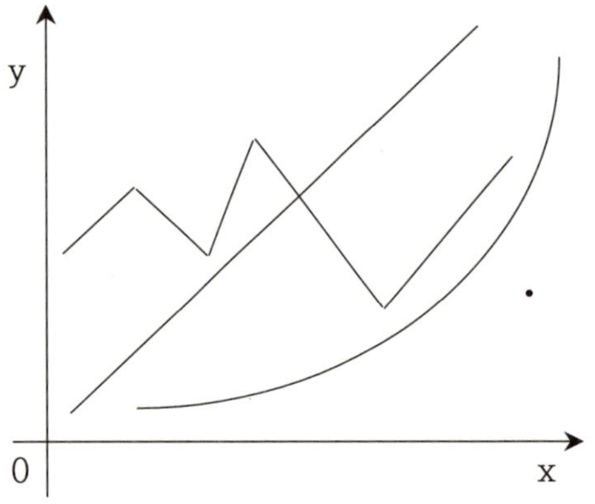

〈그래프 관련 어휘〉

세로축, 가로축

단위, 점

직선, 곡선

상승, 하강

증가, 감소

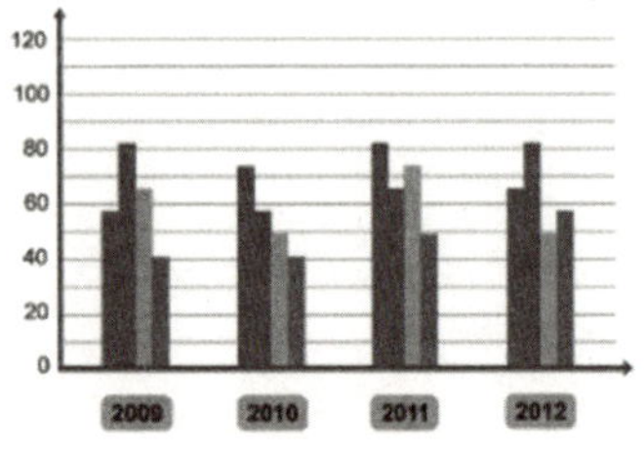

막대그래프

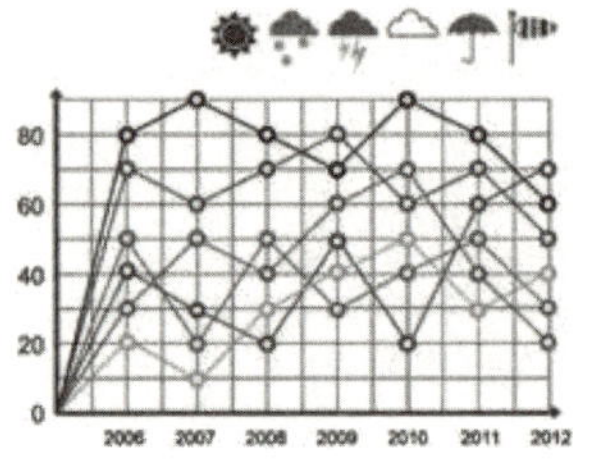

꺾은선 그래프

원그래프

연습하기

※ 다음 그래프와 관련된 글을 읽어 보십시오.

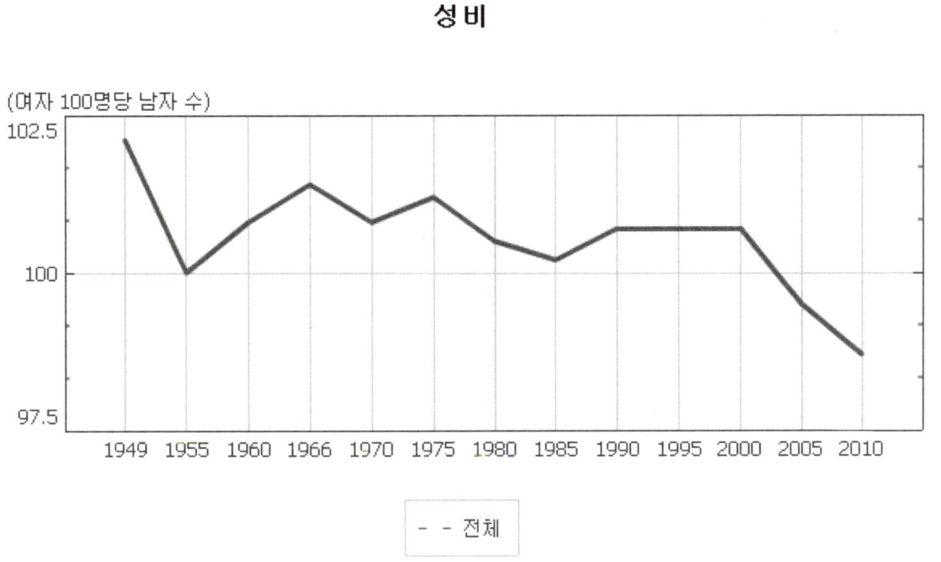

최근 통계청이 발표한 '인구주택총조사'의 결과를 보면 1949년부터 2010년까지 한국의 성비를 한눈에 볼 수 있게 제시하였다. 성비란 특정 집단 내에서의 성별을 비율로 말하는 것인데, 여성 100명에 대한 남성의 수, 즉, 성비가 100이상일 경우는 전체 인구에서 남성 인구가 여성 인구보다 많은 것이고, 100이하일 경우에는 여성 인구가 남성인구보다 많음을 의미한다. 한국의 성비를 살펴보면 다음과 같다. 1949년 성비가 102.5로 가장 높았다가 1955년에 **급감하여** 100이 된다. 1960년대부터는 지속적으로 **증가하여** 1966년에는 성비가 101**에 이르렀다.** 1975년 이후부터는 차츰 성비 불균형 현상이 **완만해져** 갔다. 이후 1990년대부터 2000년대까지는 성비의 변화가 거의 없었으며, 2010년도에는 성비가 100이하를 기록하였다. 앞으로도 성비의 불균형은 지속될 것으로 **예측되며** 다만 여자가 좀 더 많은 현상이 나타날 **것으로 전망된다.**

※ 다음 중 그래프와 관련된 어휘를 골라 문맥에 맞게 써 보십시오.

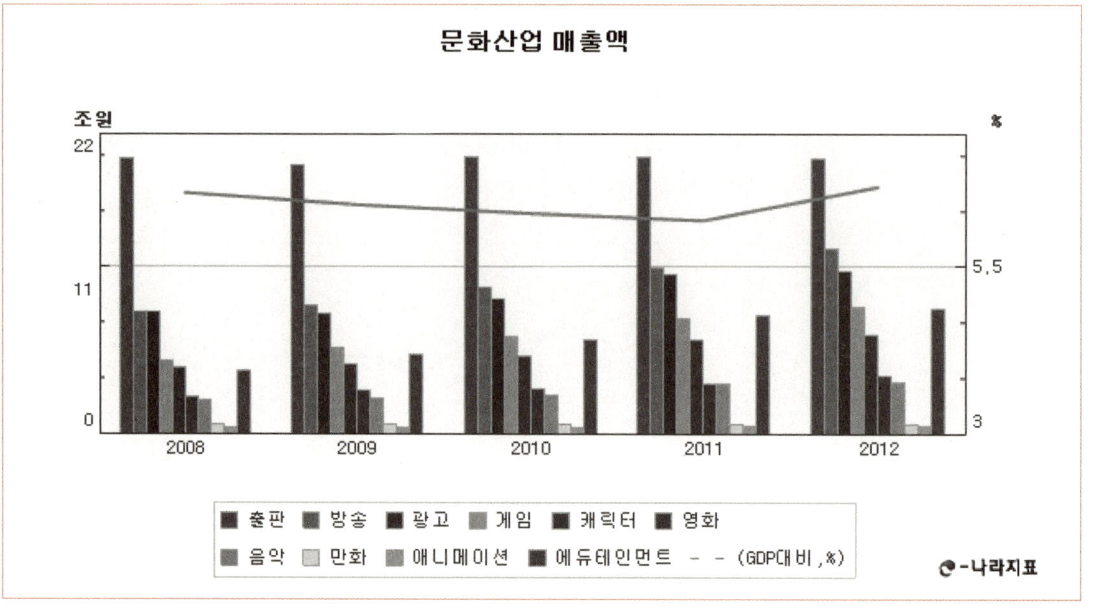

꾸준하게 / 지속적으로 / 급격하게 / 극적으로

약간 / 다소 / 월등하게 / 소폭 / 서서히 / 미미하게 / 완만하게

~을/를 웃돌다 / ~에 앞서다 / ~을/를 넘어서다 / ~에 뒤지다 / ~에 못 미치다 / ~을/를 밑돌다

~의 비율을 차지하다 / ~으로 전망되다, 예측되다, 기대되다

~에 이르다 / ~에 불과하다 / ~에 머무르다 / ~을/를 기록하다

~의 순이다 / ~의 뒤를 잇다

통계청의 '문화산업 매출액' 조사 결과에 따르면 한국의 문화산업은 크게 10가지로 분류할 수 있다. 문화산업 매출액의 크기로 살펴보면 영화, 방송, 광고, 게임, 에듀테인먼트, 캐릭터, 출판, 음악, 만화, 애니메이션 ①____________. 그중에서도 2008년부터 2012년까지 ②__________ 높은 매출을 기록한 산업은 영화산업이다. 2008년부터 2012년까지 ③______________ 매출 이익을 내고 있으며 다른 문화산업과는 매출액의 차이가 ④______________ 나타났다.

그 다음으로 방송, 광고, 게임, 캐릭터 산업은 2008년부터 서서히 매출액이 증가하고 있다. 특히 2011년의 방송산업은 매출액 11조 원에 ⑤______________. 이와는 반대로 만화, 애니메이션 산업은 다른 산업의 매출액에 절반에도 ⑥______________ 있다. 앞으로도 영화, 방송, 광고, 게임 등의 문화산업의 매출액은 점점 증가할 것 ⑦______________.

6 변화하는 가족

어휘 학습

1. 다음 중 알맞은 것을 골라 문맥에 맞게 대화를 완성해 보십시오.

나름	파벌	기필코	역력하다	야속하다

① 가 : 제발 이번 일은 모르는 척하시고 한 번만 눈 감아 주세요.
나 : 이 일은 제 권한 밖의 일이에요. 제 말을 너무 ______________ 생각하지 마세요.

② 가 : 며칠째 잠복근무 중인데도 범인이 나타나지 않으니 지치는군요.
나 : 이번에는 ______________ 범인을 잡아야 하니 끝까지 긴장을 놓지 말게.

③ 가 : 승우 씨가 요즘 많이 바쁜가 봐요. 피곤한 기색이 ______________.
나 : 논문 마감일이 얼마 남지 않아서 밤늦게까지 연구실에 남아 있다고 하더라고요.

④ 가 : 운동을 포기하고 싶다는 생각을 한 적은 없으세요?
나 : 힘들다는 생각을 한 번도 해 본적이 없어서요. 다 마음먹기 ______________인 것 같습니다.

⑤ 가 : 요즘에 학연이나 지연에서 자유로운 사람이 얼마나 될까요?
나 : 그렇게 형성된 ______________이/가 회사 내의 차별과 분열을 불러일으키니 참 문제예요.

2. 다음 중 밑줄 친 것과 관계있는 단어를 골라 문맥에 맞게 빈칸에 쓰십시오.

가세하다	남발하다	소강되다	가늠하다	모면하다

① 지혜로운 말 한마디는 위기 상황을 피할 수 있도록 해 주는 힘이 있다.
( )

② 운전자 간의 말다툼이 일어났는데 목격자들까지 힘을 보태어 거드는 바람에 싸움이 더 커져 버렸다.
( )

③ 국민들은 지킬 수 없는 공약을 함부로 말하는 후보를 신뢰하지 못했다.
( )

④ 이 일에 도전했을 때 성공할 수 있을지 마음속으로 예측해 보았다.
( )

⑤ 잠시 한풀 꺾였던 무더위가 주말부터 다시 기승을 부릴 것으로 예상됩니다.
( )

3. 다음 중 알맞은 것을 골라 문맥에 맞게 문장을 완성해 보십시오.

창문이 열리다	시대가 열리다	대회가 열리다

① 2014년에는 인천시에서 제54회 세계수영선수권 ______________________.

② ______________ 있었던 탓에 비가 방 안으로 새어 들어와 바닥이 흥건하게 젖었다.

③ 새로운 대통령이 선출되자 국민들은 새로운 ____________ 것이라는 기대감에 부풀었다.

4. 다음 빈칸에 알맞은 단어를 찾아 문맥에 맞게 써 보십시오.

인습	도리어	변천사	서술하다	잡아떼다	고소당하다

근대 한국인의 이성 문제와 가족 문제는 현재와 어떻게 다를까? 1930년대의 신문에 실린 독자들의 사연을 통해 시대상을 이해하기 쉽게 ①__________ 낸 책이 출간되었다. 이 책을 통해 연애와 결혼의 ② ____________을/를 함께 살펴볼 수 있다는 점이 매우 흥미롭다. 1920년부터 1930년대의 한국은 조혼이라는 ③___________와/과 자유연애라는 신문화가 공존하던 시기이다. 본처에게 싫증 난 기혼 남성들이 신여성과 사귀려고 호적등본을 위조했다가 ④_________ 사건도 있었다. ⑤_________ 잘못을 인정하지 않고 ⑥__________ 경우도 비일비재해서 당시에는 사회 문제가 되기도 했다.

인내	시댁	앞두다	강인하다	파고들다	충실하다

한국에서는 어머니가 결혼을 ⑦________ 딸에게 진주를 주는 풍습이 있었다. 이는 아마도 딸이 ⑧________에서 살면서 속상한 일이 생길 때마다 진주알이 만들어지는 과정을 기억하며 견뎌내라는 뜻이리라. 진주는 조개 안에서 만들어진다. 어쩌다가 조개 안에 들어 온 모래는 조갯살 속에 ⑨_________ 고통을 준다. 이 때 조개는 진주층을 만들어 내어 모래알 주변을 덮어 싸고 또 덮어 싼다. 이와 같은 ⑩____________의 과정을 몇 년간 거치고 난 후에야 진주가 만들어진다.

살다가 보면 우리 삶에도 이런저런 모래알이 들어온다. 이러한 시련을 ⑪_________ 견디고 하루하루를 ⑫_________ 살아 나갈 때 비로소 값진 진주와 같이 빛을 내게 될 것이다.

듣고 말하기 1

V-ㄹ/을라치면

① 도서관에 갈라치면 하필 그 날이 휴관일이라고 한다.

② 집에 혼자 있을라치면 동생이 친구들을 데리고 들어온다.

③ 나는 간지럼을 많이 타서 누가 손이라도 갖다 댈라치면 깔깔 웃는다.

<더 생각해 보기>

- 잠시라도 앉아서 **쉴라치면** 손님이 오셔서 쉴 틈이 없다.
- 잠시라도 앉아서 **쉬려고 하면** 손님이 오셔서 쉴 틈이 없다.

※ 'V-ㄹ/을라치면'을 사용하여 대화를 완성해 보십시오.

① 가 : 올해에는 담배를 끊는다고 하지 않았어요? 왜 아직 담배를 피워요?
   나 : 담배를 ______________________________.

② 가 : 학교에 지각하지 않겠다고 약속하지 않았니? 요즘 왜 자꾸 지각을 하니?
   나 : 학교에 ______________________________.
   내일부터는 절대 지각하지 않을게요.

③ 가 : 지금 시간이 3시인데 아직까지 점심을 못 먹었어요?
   나 : 점심을 ______________________________.

④ 가 : 지현 씨, 아직 여기에 살아요? 지난 방학 때 이사한다고 하지 않았어요?
   나 : 네, 이사를 ______________________________

⑤ 가 : 요즘 왜 이렇게 밖에 안 나와요? 얼굴 보기가 참 힘드네요.
   나 : 아이를 낳았더니 ____________________ 눈앞에 아이가 아른거려서 나갈 수가 있어야지요. 이제 정말 엄마가 되어 가고 있는 것 같아요.

⑥ 가 : 몸무게는 좀 빠졌어요? 요즘 다이어트 한다고 운동도 열심히 하는 것 같던데…….
   나 : 운동은 열심히 하는데 ______________________________.
   가 : 그렇죠? 저도 그래요. 다이어트는 정말 힘든 것 같아요.

⑦ 가 : ______________________________
   나 : ______________________________

읽고 말하기

1. V-던 터라

① 그 당시에는 야간 통행 금지령이 내렸던 터라 밤늦게까지 밖에 다닐 수가 없었다.

② 연락을 받았을 때에는 이미 집에 들어와서 편한 옷으로 갈아입었던 터라 나갈 생각이 없었다.

③ 어렸을 때에는 만화 보는 것을 즐겼던 터라 용돈만 생기면 만화책을 빌리는 데에 다 써 버리곤 했다.

※ 다음의 상황과 관계있는 말을 연결하고 'V-던 터라'를 사용하여 문장을 완성해 보십시오.

①	어렸을 때부터 안경을 지겹게 썼다.	㉠	이번에 개봉하는 영화에서도 그의 연기를 기대하는 관객들이 많다.
②	우리는 모두 배가 고팠다.	㉡	시력 교정 수술을 하고 싶다.
③	그는 부모님의 속을 썩이는 문제아였다.	㉢	수필을 쓰는 데에 큰 어려움이 없었다.
④	나는 일기를 매일 써 왔다.	㉣	자장면 곱빼기를 단숨에 해치웠다.
⑤	김수형은 많은 작품에서 늘 호평을 받아 왔다.	㉤	그의 개과천선은 주위 사람들을 깜짝 놀라게 했다.

① ______________________________.

② ______________________________.

③ ______________________________.

④ ______________________________.

⑤ ______________________________.

2. V-ㄴ/은/는 양

① 아이를 조수석에 태우자 운전을 하는 양 들떠 있다.

② 그는 자신이 대표인 양 앞장서서 할 일을 지시했다.

③ 사람들이 눈살을 찌푸리며 자신을 쳐다보자 안 떠든 양 딴청을 피웠다.

※ 'V-ㄴ/은/는 양'을 사용하여 대화를 완성해 보십시오.

① 가 : 저 사람이 ________________ 생각되지만 알고 보면 무서운 사람이래요.
나 : 그래요? 함부로 말한 적이 있는데 조심해야겠네요.

② 가 : 기자님, 소문의 사실 여부도 확인하지 않고, 떠도는 소문을 마치 ________________ 기사를 쓰시면 어떻게 합니까? 명예훼손으로 고소하겠습니다.
나 : 죄송합니다. 정정 보도를 하도록 하겠습니다.

③ 가 : 지성 씨, 오늘 발표지요?
나 : 네, 잠깐만요. 어머! USB를 집에 두고 왔나 봐요.
가 : 지난번에는 차에다 숙제를 놓고 내렸다더니! 이번에는 USB를 집에 두고 왔다고요? 설마 발표 준비를 하지 않았으면서 ________________ 행동하는 건 아니겠지요?

④ 가 : 앞집 아저씨 사업이 망해서 개인파산을 신청했대요.
나 : 정말요? 오늘 아침에도 ________________ 수입차를 끌고 다니던데요. 빚 좋은 개살구네요!

⑤ 가 : 저기 두 사람 사귀는 것 같지 않냐?
나 : 난 잘 모르겠는데, 왜 그렇게 생각해?
가 : 아니, 서로 ________________.

⑥ ________________

3. V-던 차에

① 필요한 물건이 있었던 차에 할인 행사가 시작되었다.

② 휴식이 필요하던 차에 여행 적금이 만료되어 해외여행을 다녀왔다.

③ 혼자 사진을 찍으려던 차에 마침 지나가는 사람이 있어서 부탁을 했다.

※ 'V-던 차에'를 사용하여 대화를 완성해 보십시오.

① 가 : 김 선생님, 6시에 퇴근하신다면서 아직도 계세요?

나 : ______________________ 학생이 찾아 와서 이야기 좀 하느라고요.

② 가 : 아멜리 씨는 어떻게 인하대학교 언어교육원을 다니게 되었어요?

나 : 대학교를 마치고 나서 ______________________ 인하대학교 어학원에서 한국어를 배우고 있는 친구의 추천을 받았어요.

③ 가 : 아직도 안 자고 뭐해? 아까는 피곤하다고 일찍 들어갔잖아.

나 : ______________________ 너한테 전화가 와서 깼어.

④ 가 : 수아야, 네가 오늘 든 가방 정말 예쁘다. 어디에서 샀어?

나 : 선물로 받았어. ______________________ 마침 내 생일이라 엄마한테 사달라고 했어.

⑤ 가 : 요즘 어떻게 지내? 나는 구직 중인데 생각처럼 쉽지 않네.

나 : 나는 얼마 전에 취직해서 지난주부터 다니고 있어. ______________________ 지도 교수님이 지금 다니는 직장을 추천해 주셔서 가까스로 취직했어.

⑥ 가 : ______________________

나 : ______________________

듣고 말하기 2

1. DV-기 짝이 없다

① 일의 성과가 전혀 보이지 않으니 허무하기 짝이 없다.

② 그 마을은 집 한 채 없는 시골이어서 한적하기 짝이 없다.

③ 자신의 일에만 몰두하여 옆 사람에게는 무관심하기 짝이 없다.

〈더 생각해 보기〉

- 4년을 공부한 끝에 대학교 졸업장을 받으니 **기쁘기가 그지없다.**
- 4년을 공부한 끝에 대학교 졸업장을 받으니 **기쁘기가 한이 없다.**
- 4년을 공부한 끝에 대학교 졸업장을 받으니 **기쁘기가 이를 데 없다.**

※ 〈보기〉에서 알맞은 단어를 골라 'DV-기 짝이 없다'를 사용하여 대화를 완성해 보십시오.

황당하다	유치하다	무례하다	안일하다	한가롭다

① 가 : 요즘 학교 폭력이 심각하다 보니 아이들 학교 보내기가 여간 겁이 나는 게 아니에요.
경찰이나 학교도 바짝 긴장하지만 대응은 ______________________
______________________.

나 : 그래도 순찰을 강화한다니 너무 걱정은 하지 말아요.

② 가 : 어제 연주회에 간다더니 잘 다녀왔어요?

나 : 공연장의 스프링클러 관이 터져서 갑자기 취소가 됐지 뭐예요.
이번 공연은 정말 기대를 많이 했는데 공연 취소 소식을 갑작스럽게 접하니 참으로
______________________.

③ 가 : 지금 뭐하는 거야? 왜 멀쩡한 물건을 다 부수고 그래!

나 : 헤어진 남자친구에게서 받은 선물인데 버리려니 누가 가져갈 것 같고 돌려주려니 미련이 있는 것처럼 보일까봐.

가 : 어휴. 지난번에는 남자친구한테 받은 선물을 모두 착불로 보내더니 정말
______________________.

④ 가 : 자네 이틀째 무단결근이나 하고 도대체 어떻게 된 일인가?

나 : 팀장님, 다짜고짜 다그치실 게 아니라 왜 결근하게 되었는지부터 물어 보셔야 하는 거 아닙니까?

가 : 자네 행동은 정말 ______________________________

지금 그게 무단결근한 사람의 태도인가! 자네 때문에 며칠 동안 고생한 팀원들에게 미안하지도 않은가!

⑤ 가 : 제주도는 올 때마다 그 풍경에 감동하게 돼요. 공기부터 다르네요.

나 : 그렇죠? 공기도 신선하거니와 어디를 가 보아도 아름답고 도심 자체가 그저 ____________

______________________________.

⑥ 가 : ______________________________.

나 : ______________________________.

2. AV-고서(야)

① 아기는 허기진 배를 채우고서야 울음을 그쳤다.

② 할 일을 모두 마치고서야 잠을 잘 수 있을 것 같다.

③ 천재가 아니고서야 이렇게 복잡한 문제를 풀 수 있겠어요?

※ 'AV-고서(야)'를 사용하여 문장을 완성해 보십시오.

① 가 : 민우 씨가 이제 담배를 끊긴 끊었네요.

나 : 네. 결혼 전에는 그렇게 담배 끊기를 어려워하더니

____.

② 가 : 명수 씨가 하루 종일 콧노래를 부르네요. 무슨 좋은 일이 있나 봐요?

나 : 그런 것 같죠? 무슨 일인지 ________________________.

③ 가 : 생각보다 일찍 나오셨네요.

나 : ____________________ 약속 시간보다 이르게 나왔다는 것을 알게 됐지 뭐예요.

④ 가 : 지난달에 남자친구와 헤어졌다더니 다시 만나기로 한 거야?

나 : 응, 내가 오해를 했더라고. 그때는 말을 듣기는 했지만 상황이 이해가 안 갔었는데

____.

⑤ 가 : 등산을 잘 다녀왔어요?

나 : 말도 마세요. 산이 얼마나 험한지 ________________________ 한숨을 돌렸어요.

⑥ 가 : ____

나 : ____

3. V-ㄴ/은/는 축에 들다

① 감기 한 번 걸리지 않고 겨울을 보냈으니 건강한 축에 든다.

② 매일 2시간씩 자가용으로 출근을 하니 운전을 많이 하는 축에 든다.

③ 장르와 관계없이 다양한 음악을 알고 있을 만큼 음악을 좋아하는 축에 든다.

〈더 생각해 보기〉

- 그는 해외 출장이 **잦은 축에 든다.**
- 그는 해외 출장이 **잦은 편이다.**

※ 'V-ㄴ/은/는 축에 들다'를 사용하여 대화를 완성해 보십시오.

① 가 : 이 식당의 음식이 제 입에 제일 잘 맞는데 가격이 만만치 않아서 자주 오지는 못해요.

나 : 맞아요. 음식이 맛은 있는데 ______________________________.

② 가 : 올해 회장은 김 선생님께 맡겨 보시는 게 어떠세요?

나 : 김 선생님은 아직 30대로 ______________________ 다른 선생님께서 동의하실지 모르겠어요.

③ 가 : 감독님, 지난번 영화에 이어 이번 영화도 흥행에 성공하셨네요. 축하드립니다.

나 : 개봉 2주 만에 100만 관객을 돌파했으니 ______________________________.

④ 가 : 남자친구는 언제 인사시켜 줄 거예요?

나 : 아, 요즘 남자친구가 좀 바빠서요. 사진이라도 보여 드릴까요?

가 : 와, 남자 친구 맞아요? 너무 어려 보여요.

____.

⑤ 가 : 맹장 수술은 요즘에 아주 간단하고 회복도 빠른 편이라는데 그래도 걱정이 돼요.

나 : 걱정하지 마세요.

맹장 수술은 수술 중에서도 ______________________________.

⑥ 가 : ____.

나 : ____.

쓰기

서론 쓰기

※ 서론은 본론에서 다룰 내용을 소개하는 단계로, 독자의 관심을 이끌어 내는 내용이나 주제에 대한 이해를 돕는 내용을 씁니다.

1. 주제와 관련된 사회 현상 제시하기

- **오늘날** 결혼에 대한 사람들의 인식은 과거와 달라지고 있다.
- **최근** 방영되는 드라마에는 결혼보다 개인의 능력을 계발하는 일에 몰두하는 인물이 자주 등장한다.

2. 주제와 관련된 단어를 이해하기 쉽게 정의하기

- 반려자**란** 평생을 함께 살아가는 사람으로 남편이나 아내**를 일컫는다.**

3. 관련된 말이나 조사 결과를 인용하기

- 결혼을 해야 비로소 어른이**라는 말이 있다**. 그만큼 한국 사회는 예로부터 결혼을 인격이 완성되는 필수 과정으로 봐 왔다.
- **한 조사에 따르면** 남녀를 불문하고 결혼 연령이 점차 높아지고 있는 경향을 보인다.
- 현대인의 결혼관**에 대해 조사한 결과에 따르면** 결혼을 할 때에는 사랑보다 조건이 더 중요하다고 응답한 사람의 수가 더 많은 것**으로 나타났다**.

4. 주제에 대해 논의할 필요성을 제시하기

- **이를 통해** 결혼이 삶의 필수 조건이라고 생각하는 인식이 점차 약화되고 있다는 것을 알 수 있다.
- **이처럼** 주변의 시선 때문에 결혼을 선택하는 경우가 적지 않다.

〈서론 예시〉

최근 불안 장애를 호소하는 노인들이 증가하고 있다. 불안 장애**란** 뇌 기능의 저하나 생활고 문제 등의 상황으로 인해 불안감이 커지는 현상을 **말한다**. **한 조사에 따르면** 불안 장애를 겪는 노인의 비율이 해마다 증가하고 있**다고 한다**. **이를 통해** 노인 복지에 대한 사회적인 관심이 절실하게 필요한 때라는 것을 알 수 있다.

※ 위의 방법을 참고하여 '결혼은 필수인가 선택인가'의 주제로 서론을 써 보십시오.

7 지식의 길

어휘 학습

1. 다음 중 알맞은 것을 골라 문맥에 맞게 대화를 완성해 보십시오.

합의점	누누이	심통	무심코	진지하다	연로하다

① 가 : 공부를 잘하고 싶은 학생들에게 어떤 충고가 필요할까요?
나 : ______________ 말하지만 공부의 시작은 제대로 된 마음가짐입니다. 그것이 바로 공부의 왕도입니다.

② 가 : 제인 씨가 이번 시험에도 1등을 했다는데 머리만 좋은 것 같아요. 외모는 별로잖아요.
나 : 어째 ______________이/가 나서 하는 소리로 들리는데?

③ 가 : 그 당시 서로 사이가 안 좋아서 팀이 해체되었다는 말이 있던데요.
나 : 갈등이 있었던 것은 아니지만 ______________을/를 찾지 못해서 그랬던 것 같아요.

④ 가 : 이번 부모님 결혼기념일에 여행을 보내드리는 것은 어때요?
나 : 그럽시다. 그런데 두 분이 ______________ 가까운 곳으로 편히 쉬실 만한 곳을 찾아봅시다.

⑤ 가 : 너의 진로에 대해서는 좀 더 고민을 해 보고 다시 이야기하는 것이 좋겠구나.
나 : 저는 지금 어느 때보다 ______________ 신중하게 숙고해서 말씀을 드리는 겁니다.

⑥ 가 : 신용카드 영수증을 그렇게 함부로 버리면 개인 정보가 노출될 수 있어요.
나 : 그래요? 계산하고 영수증을 ______________ 버린 적인 한두 번이 아닌데 앞으로는 각별히 조심해야겠네요.

2. 다음 중 밑줄 친 것과 관계있는 단어를 골라 문맥에 맞게 빈칸에 쓰십시오.

숙련되다	입증하다	미진하다	조율하다	유도하다

① 선생님은 학생들이 독서를 하도록 <u>분위기를 이끄셨다</u>.
( )

② 그는 한국어능력시험에서 만점을 받아 뛰어난 한국어 실력을 <u>증명해 보였다</u>.
( )

③ 연구 계획만 나왔을 뿐 구체적인 실행은 아직 <u>다 하지 못한</u> 상태이다.
( )

④ 두 팀은 이견을 보이는 부분에 대해 마지막으로 <u>적절하게 조절하고</u> 있습니다.
( )

⑤ 어려운 수술이다 보니 <u>경험이 많고 능숙한</u> 전문의에게 치료를 받아야 효과를 볼 수 있다.
( )

3. 다음 중 알맞은 것을 골라 문맥에 맞게 문장을 완성해 보십시오.

목소리를 떨다	엄살을 떨다	능청을 떨다	다리를 떨다

① 남편은 크게 다친 것도 아닌데 아이처럼 온갖 ____________________ 집안을 발칵 뒤집어 놓았다.

② 평소 습관적으로 ____________________ 사람은 만성적인 스트레스와 많은 불만이 있을 수 있다.

③ 면접을 볼 때 ______________ 소극적이거나 자신감 없는 모습을 보이는 것은 가장 큰 감점 요인이 된다.

④ 순수했던 민우 씨가 어려운 자리에서도 ______________ 유들유들하게 웃으며 빈말을 할 줄은 꿈에도 몰랐다.

4. 다음 빈칸에 알맞은 단어를 찾아 문맥에 맞게 써 보십시오.

교육열	치열하다	학력	창의력	원동력	조화롭다	암기식	장기적

가난에서 벗어나기 위해서 ①____________ 삶을 살아온 부모님 세대는 오늘날 그들의 자녀들을 위해 본인들이 할 수 있는 모든 것을 희생하였다. 이같은 부모님들의 헌신적인 노력은 높은 ②____________(으)로 나타났고 이는 국가 발전의 ③____________이/가 되었다. 여기에 ④____________ 위주의 학습방법과 학생들의 학구열이 ⑤____________ 어울려 전반적으로 국민의 ⑥__________이/가 높아졌다. 그러나 백년대계라는 말이 있듯이 ⑦___________(으)로 봤을 때 궁극적으로 우리가 미래를 위해 올바른 인성과 ⑧____________을/를 갖추어 능력을 펼칠 수 있는 교육의 장을 만들어야 할 것이다.

진수	형성되다	혼란	예의범절	고성	망치다

교육의 중요성은 아무리 강조해도 지나치지 않다. 특히 ⑨_____________은/는 가정에서 나온다는 말처럼 인격은 가정에서 ⑩_____________ 매우 중요하다. 옛날에는 아버지께서는 엄격하게 가르치시고 어머니께서는 자상하게 어루만져 주는 것이 우리 가정교육의 ⑪_____________. 그런 반면에 요즘 식당에 가면 아이들이 버릇없이 식당 안을 돌아다니거나 갑자기 ⑫__________을/를 질러 식사 분위기를 ⑬_____________ 경우가 종종 있다. 그러나 아이의 부모는 아이를 야단치기는커녕 아랑곳하지 않고 식사를 한다. 아이가 예의에 어긋난 행동을 했지만 부모의 꾸짖음이 없다면 아이가 인성이 만들어지는 과정에서 ⑭____________을/를 겪을 수 있다.

읽고 말하기

1. V-거늘

① 불우 이웃 돕기도 하거늘 하물며 친척을 안 도울 수 있겠는가?

② 남의 자식도 귀엽거늘 자기 자식이야 얼마나 귀여울까?

③ 나는 새도 제 집을 찾거늘 사람이 어찌 가족 그리운 줄 모르랴.

④ 내가 너를 잊지 않았거늘 어찌 네가 나를 잊었느냐?

⑤ 결혼반지이거늘 어찌 그것을 잃어버릴 수가 있어요?

※ 〈보기〉에서 알맞은 표현을 골라 'V-거늘'을 사용하여 대화를 완성해 보십시오.

만병의 근원이다	흥정은 붙이고 싸움은 말리다
윗물이 맑아야 아랫물이 맑다	오르고 또 오르면 못 오를리 없다

① 가 : 공정하고 투명한 사회를 위해서 고위 공직자와 같은 사회지도층이 먼저 솔선수범을 해야 할텐데 부조리한 그들의 행실에 실망이 이만저만이 아니네요.

나 : ______________________________ 이번 일을 기회삼아 공직사회에 품위 있고 청렴한 새바람이 일었으면 좋겠네요.

② 가 : 경제 단체는 주요 신문사 광고를 통해 불법 파업 엄단을 촉구하는 마당이니, 노사의 협상 재개는 쉽지 않겠는걸요.

나 : ______________________________ 노사 간 어렵게 차려진 밥상까지 걷어차서야 되겠는가?

③ 가 : 비만일 경우 정상인보다 당뇨병, 고혈압과 같은 성인병의 주요 원인이 된다고 하죠?

나 : 네, 비만은 ______________________________ 현대인들은 식습관은 물론 생활 습관도 바꾸려고 하지 않습니다. 이런 습관들을 개선하지 않으면 각종 암과 질환의 발병률이 더 높아질 것입니다.

④ 가 : 한국어 공부가 어느 정도 궤도에 오르다 보니 그 이후로는 진척이 없어요.

나 : 너무 낙담하지 말아요. 아무리 막막해 보여도 ______________________________ 언젠가는 끝이 있을 거에요. 조금 더 기운을 내세요.

⑤ ______________________________

2. N(으)로 하여금

① 예습은 선생님들로 하여금 누누이 들어 왔던 중요한 학습 방법이에요.

② 애완동물의 귀여운 행동은 보는 이들로 하여금 절로 미소를 짓게 한다.

③ 글쓰기를 잘하게 하려면 아이들로 하여금 스스로 책을 읽으며 생각하게끔 해야 한다.

〈더 생각해 보기〉

- 애완동물의 귀여운 행동은 보는 이들**로 하여금** 절로 미소를 짓게 한다.
- 애완동물의 귀여운 행동은 보는 이들**에게** 절로 미소를 짓게 한다.

- 글쓰기를 잘하게 하려면 아이들**로 하여금** 스스로 책을 읽으며 생각하게끔 해야 한다.
- 글쓰기를 잘하게 하려면 아이들**이** 스스로 책을 읽으며 생각하게끔 해야 한다.

※ 'N(으)로 하여금'을 사용하여 대화를 완성해 보십시오.

① 가 : 최근 이진우 씨의 연기가 시청자들에게 큰 이슈가 되고 있는데요.
나 : 네, 매 회마다 진심어린 눈물을 보여 ______________________
큰 감동을 주네요.

② 가 : 이번에 설계된 아파트는 기존의 설계보다 더욱 수려하게 디자인되었습니다.
나 : 모든 건물을 새롭고 편리하게 디자인하여 ______________________
편안함을 느끼게 했습니다.

③ 가 : 오늘 소개해 주실 영화가 30대 여성의 일과 사랑에 대한 영화라 기대가 되는데요.
나 : 네, 30대 여성의 일과 사랑에 대한 현실적 공감과 이상을 동시에 그려낸 영화라
______________________ 큰 호응을 얻었습니다.

④ 가 : 수년간의 취업 계획과 준비를 거쳐서 설레는 마음을 품고 꿈의 직장에 입사했지만 1년을 버티지 못하고 퇴사하는 경우가 많습니다.
나 : 네, 치열한 경쟁을 뚫고 취업했지만 직장에 대한 환상은 ______________________
______________________자신에게 맞는 회사를 찾지 못하게 합니다.

⑤ ______________________

3. V-(으)ㄴ/는/(으)ㄹ 성싶다

① 하늘이 흐린 걸 보니 비가 올 성싶네요.

② 내 꿈이 이루어질 성싶은 예감이 든다.

③ 이번 한국어능력시험에는 합격할 성싶다.

④ 일이 제대로 잘 풀릴 성싶으니까 걱정 마세요.

〈더 생각해 보기〉

- 하늘이 흐린 걸 보니 비가 올 **성싶네요.**
- 하늘이 흐린 걸 보니 비가 올 **듯하네요.**
- 하늘이 흐린 걸 보니 비가 올 **듯싶네요.**

※ 'V-(으)ㄴ/는/(으)ㄹ 성싶다'를 사용하여 대화를 완성해 보십시오.

① 가 : 이번 한국어능력시험에서 좋은 결과가 있을 것 같아요?

나 : 최근에 출제된 문제 유형들을 모두 분석하고 시험을 봤더니 별 어려움 없이 풀 수 있었어요. 무엇이든 철저하게 대비한다면 ______________________________.

② 가 : 자동차 수리비가 얼마쯤 나올까요?

나 : 소모품들 교체하고 나면 수리비가 거의 백만 원 가깝게 눈덩이처럼

______________________________.

③ 가 : 이 식당은 모든 음식에 천연 조미료를 사용해서 음식 맛이 담백하기 그지없어요.

나 : 맞아요. 게다가 그때그때 나오는 해산물이 밑반찬으로 나오니 그냥 밥만 먹어도

______________________________.

④ 가 : 요즘 불면증에 시달리고 있어서 그런지 통 잠을 못 자. 음악이라도 들으면 나을 것 같은데 무슨 좋은 음악이 없을까?

나 : 그래? 정말로 잠을 청하고 싶다면 이 음악이 ______________________________.

⑤ 가 : ______________________________.

나 : ______________________________.

듣고 말하기 2

1. N을/를 비롯하다

① 두 누이와 나를 비롯해서 모두가 긴장한 얼굴로 아버지를 지켜보았다.

② 그 카페는 강연, 음악 공연을 비롯하여 여러 가지 무료 이벤트를 개최한다.

③ 그 회사는 값비싼 다이아몬드를 비롯해서 각종 희귀한 다이아몬드를 판매한다.

1. 'N을/를 비롯하다'를 사용하여 대화를 완성해 보십시오.

① 가 : 교수님, 턱 근육이 많이 발달하는 것은 환경적인 요인과 잘못된 습관으로 생긴다고 하는데요, 사실인가요?

나 : 네. 그렇습니다. ______________________ 질기고 딱딱한 음식을 자주 섭취하게 되면 자연히 턱에 무리가 가고 변형이 오기 쉽습니다.

② 가 : 지영 씨는 결혼할 때 남편에게 어떤 프러포즈를 받았어요?

나 : 말하기 참 쑥스러운데……. 아침에 남편이 제가 자주 가던 ______________________ 저희 집 골목길, 버스 정류장, 학교, 강의실 곳곳에 '지영아 사랑해' 벽보를 붙여 놓았더라고요. 그때 생각하면 아직도 마음이 설레네요.

③ 가 : 이번 영화제는 어떤 작품들이 출품되었는지 소개해 주시죠.

나 : 네, 이번 영화제에서 장르의 영화가 많이 출품이 되었는데요, ______________________ 다수의 기대작들이 선정되어 큰 화제를 불러 모을 것으로 예상됩니다.

④ 셰익스피어의 대표작으로는 4대 비극인 ______________________ 로미오와 줄리엣, 베니스의 상인, 줄리어스 시저, 말괄량이 길들이기 등이 있다.

⑤ 5월은 ______________________ 성년의 날, 부부의 날 등 기념일로 가득한 달이다.

⑥ ______________________.

쓰기

본론 쓰기: 비교와 대조

※ 비교와 대조의 특징과 자주 사용되는 표현을 살펴보십시오.

구분	특징	자주 쓰는 표현
비교	두 대상 사이의 **공통점**을 설명	▸ 그리고 ▸ 비교해 보면 ▸ 비슷하게 ▸ ~와/과 비슷하면 ▸ ~와 공통점은 ▸ ~와/과 마찬가지로 ▸ ~처럼~하다 ▸ ~은/는 모두 ▸ ~다/라는 점에서 비슷하다 ▸ ~는 ~와/과 이런 점에서 비슷하다
대조	두 사물이나 현상의 **차이점**을 설명	▸ 그러나 ▸ 그런데 ▸ 한편 ▸ 반면에 ▸ ~인데 비해 / ~에 비해서 ▸ ~에 반하여 ▸ ~ㄴ/은/는 데(에) 반해 ▸ 비록~일지라도 ▸ ~하다면 ▸ ~와/과 차이점은, ▸ ~다/라는 점에서 다르다(차이가 있다) ▸ ~은/는 ~와 이런 점에서 다르다

연습하기

※ 다음의 표를 보고 책과 경험에서 얻은 지식을 분류하고 공통점과 차이점을 찾아 써 보십시오.

책에서 얻은 지식(간접적인 경험)	경험에서 얻은 지식(직접적인 경험)
• 체험을 통한 공부이자 학습이다 • 소중한 자산이 된다	
• 간접적이고 이론적이다	• 직접적이고 실제적이다
• 지적이며 정적이다	• 활용적이고 동적이다
• 타인의 사고와 감각을 공유할 수 있다	• 사실을 바탕으로 지식을 모든 감각과 본능으로 느낄 수 있다
• 글에 나타나지 않는 감각이나 본능을 느끼기 어렵다	

공통점	• •
차이점	• •

※ 다음은 책과 경험에서 얻은 지식을 비교 · 대조하는 글입니다. 위에서 살펴본 내용을 바탕으로 본론을 완성해 보십시오.

에디슨이 기계만 연구한 채 지식을 쌓았다면 전기를 발명할 수 있었을까? 유명 베스트셀러 작가나 TV드라마 작가들의 글은 직접적인 경험에서 나온 것일까, 간접적인 경험에서 나온 것일까? 우리는 어렸을 때부터 책을 많이 읽어라, 경험을 많이 쌓으라는 어른들의 조언을 심심치 않게 들었을 것이다.

책과 경험**은 모두** 우리가 체험**한다는 점에서 비슷하다.** 두 가지 모두 삶을 살아가는 데에 공부이자 학습이고 차츰 쌓이면 더할 나위 없이 소중한 자산이 된**다는 공통점이 있다.** 다만 경험은 직접적인 체험이고 책은 간접적인 체험**이라는 점에서 차이가 있다.**

책은 정보가 빠르고 자신이 경험하지 못한 것들을 간접적으로 경험하면서 낯선 곳을 여행하듯 책을 읽으면서 장면 하나 하나를 상상하고 떠올리게 된다. **반면에** 경험이라는 것은 사실을 바탕으로 자신에게 실제로 일어난 상황을 체득하는 형태이다.

이처럼 책과 경험에서 얻은 지식은 일상에서 얻는 가치 있는 학습 도구인 듯싶다. 그러나 우리가 책에서 얻은 지식은 직접 체험을 하고 경험에서 얻은 지식과 비교할 수 없다. 아마 실전에서 문제를 해결할 수 없었다면 우리 생활에서 없어서는 안 될 전기의 탄생도 불가능했을 것이다. 무엇보다 중요한 것은 책과 경험은 상호 보완적이라 자신의 삶이자 가장 아름다운 경력이 되고 자산이 되려면 결국 두 가지 지식이 모두 필요할 것이다.

※ 다음 주어진 주제를 보고 비교와 대조의 방법을 사용하여 글을 써 보십시오.

비교와 대조의 방법으로 한 글쓰기 주제	
• 개인 과제와 조별 과제	• 고전음악과 대중음악
• 한국의 공교육과 자국의 공교육	• 책과 경험에서 얻은 지식
• 재택교육(홈스쿨링)과 학교교육	• 한국의 음식 문화와 자국의 음식 문화
• 외국어 학습 시 모국어 교사와 외국어 교사	• 내가 생각하는 '나'와 남이 생각하는 '나'

8 한국 현대사

어휘 학습

1. 다음 중 알맞은 것을 골라 문맥에 맞게 대화를 완성해 보십시오.

가해자	공권력	이념	비극	정세

① 가 : 이번 참사는 일어나서는 안 될 사건이었습니다. 살아남은 우리들의 임무는 무엇일까요?
　나 : 다시는 이런 ____________이/가 일어나지 않도록 마음을 모으는 것이겠지요.

② 가 : 요즘 폭탄 테러가 자주 발생하고 있는데요. 얼마 전에도 어떤 나라에서 폭탄 테러가 발생했다고 합니다.
　나 : 아무리 ____________이/가 중요하다고 하지만 생명보다 중요하겠습니까?

③ 가 : 법 집행에 있어서 경찰의 역할이 무엇입니까?
　나 : 경찰의 법 집행은 경찰 자의에 의한 것이 아닌 국민들로부터 위임을 받아 법 안에서 사회질서 유지를 위해 ____________을/를 행사하는 것입니다.

④ 가 : 에너지 안보를 둘러싼 국제 ____________이/가 급변하고 있습니다.
　나 : 맞습니다. 미국이 셰일가스 생산을 본격화하면서 석유 중심으로 형성된 국제 에너지 시장의 기본 원리가 바뀌고 있기 때문입니다.

⑤ 가 : 우리 아이가 힘 약한 아이를 골라 왕따 시키고 괴롭힙니다. 상대 부모의 항의도 많이 받았습니다.
　나 : 아이가 다른 친구들을 왕따 시키는 ____________(이)라는 소식을 접했을 때 많이 당황했으리라 봅니다. 지금 가장 먼저 해야 할 일은 피해 학생과 부모를 만나 자녀의 왕따 가해 행위에 대해 진심 어린 사과를 하는 것입니다.

2. 다음 중 밑줄 친 것과 관계있는 단어를 골라 문맥에 맞게 빈칸에 쓰십시오.

굵직하다	실감이 나다	결의하다	규정하다	희망차다

① 건강한 어린이들이 있는 사회의 미래는 <u>기대가 가득하다</u>.
(　　　　)

② 검찰은 이번 사건을 불법 행위라고 <u>의미를 밝혀 정하였다</u>.
(　　　　)

③ 배우 김수지 씨는 <u>실제로 체험하는 듯이 생생하게</u> 연기를 해서 인기가 많다.
(　　　　)

④ 많은 사람들의 도움으로 새 삶을 찾은 그는 앞으로 열심히 살기로 <u>뜻을 정하여 굳게 마음을 먹었다</u>.
( )

⑤ 연말이 가까워 왔지만 국회에서는 여전히 처리하지 못한 <u>꽤 중요하고 비중 있는</u> 현안들이 남아 있다.
( )

3. 다음 중 알맞은 것을 골라 문맥에 맞게 문장을 완성해 보십시오.

옷차림이 허술하다	경비가 허술하다	관리가 허술하다

① 더운 날씨인데 ________________ 과일이 모두 상했다.

② 그 아이의 ________________ 것으로 보아 집안 사정이 어려운 모양이다.

③ 아무리 도둑을 잡아서 엄중하게 처벌하더라도 ________________ 또 다시 도둑이 들 것이다.

4. 다음 빈칸에 알맞은 단어를 찾아 문맥에 맞게 문장을 써 보십시오.

군사	명분	재조명되다	종결되다	조국

최근 6.25를 맞아 잊고 있었던 소년병이 ①________________고 있다. 국방부 군사편찬연구소에 따르면 6.25전쟁에 ②______________(으)로 동원된 소년병의 수는 총 2만 9616명으로 집계됐다. 자발적으로 참여한 경우도 있지만 ③______________을/를 위한다는 ④______________ 아래 강제 징집된 경우도 상당수이다. 이중 1만 200명은 낙동강 전투 최전선에 투입됐다. '소년병중앙회'가 조사한 결과 소년병 생존자는 6500명에 이르지만 국가유공자로 예우 받지 못한 사람만 5000여 명에 이른다고 한다. 전쟁은 오래 전에 ⑤______________았/었/했지만 민족의 비극은 해결되지 않은 채 우리의 사회 속에 남아 있다.

대비되다	체감하다	협상	정복되다	피난

우리는 지구 온난화에 대해서 얼마나 ⑥______________고 있을까? 지구 온난화로 인하여 해수면이 상승하면서 적도 부근의 섬 투발루는 사라져 가고 있다. 아무런 불편 없이 살아가고 있는 우리의 모습과 ⑦____________ 투발루의 지금. 투발루 최고점이 ⑧____________기까지 앞으로 60년이 채 남지 않았다고 한다. 투발루 주민들은 한결 같이 이민을 원하고 있다. 투발루 국민들은 정부가 직접 나서 새 이주지에 대해 다른 나라들과 ⑨__________을/를 해야 할 필요하다고 말하고 있다. 이대로 투발루의 문제가 해결되지 않는다면 투발루의 국민들은 밀려오는 바닷물을 피해 ⑩__________을/를 떠나야 할 것이다. 투발루의 문제는 투발루만의 문제가 아니다. 언제 제2, 제3의 투발루가 나올지 모른다.

*투발루 : Tuvalu

읽고 말하기

1. AV-기가 무섭게

① 요즘은 사람들이 차를 타기가 무섭게 스마트폰을 꺼내 보는 것 같아요.

② 점심 식사가 끝나기가 무섭게 다시 회의가 시작되었어요.

③ 상대방의 말이 끝나기가 무섭게 반론을 제기했다.

<더 생각해 보기>

- 신호가 **바뀌기가 무섭게** 차들이 출발했어요.
- 신호가 **바뀌자마자** 차들이 출발했어요.

※ 'AV-기가 무섭게'를 사용하여 대화를 완성해 보십시오.

① 가 : 알리사 씨는 오늘 안 보이네요. 수료식이라 마지막 인사를 하려고 했는데…….

나 : 수료식이 다 뭐예요. 어제 수업이 ______________________ 바로 공항에 간걸요.

② 가 : 우정 씨, 우유 하나 드세요. 제 것 사면서 하나 더 샀어요.

나 : 고맙지만 어쩌죠? 제가 장이 약해서 ______________________ 배탈이 나서요.

③ 가 : 이 식당의 갈비가 맛있다고 소문이 자자하더니 줄이 끝이 없네요.

나 : 둘이 먹다 하나 죽어도 모를 정도예요.

다들 고기가 ______________________ 젓가락으로 집어 먹는다니까요.

④ 가 : 한국 사람들은 정말 성격이 급한 것 같아요. 승강기의 문이 닫히기 직전에 타려는 사람, 버스가 도착하기 전에 차도에 내려가 있는 사람들을 보면 불안하더라고요.

나 : 맞아요. 저도 운전할 때 녹색 신호등이 ______________________ 뒤차에서 경적을 울리더라구요.

⑤ 가 : ____.

나 : ____.

듣고 말하기 2

1. N을/를 무릅쓰고

① 장군은 죽음을 무릅쓰고 전장에 나갔다.

② 아버지는 추위를 무릅쓰고 밖에 나가셨다.

③ 그들은 주위의 반대를 무릅쓰고 결혼식을 올렸다.

※ 'N을/를 무릅쓰고'를 사용하여 대화를 완성해 보십시오.

① 가 : 유명 가수 이효민이 부모의 반대에도 불구하고 김현준과 재결합했대.
나 : 이효민은 ______________________ 김현준을 선택할 만큼 김현준을 사랑하나 봐.

② 가 : 화장품 업계에서는 드문 남자 사원인데 어떻게 매출왕이 될 수 있었나요?
나 : 소비자의 요구를 정확하게 파악하기 위해서 ____________________ 여대 앞에서 샘플을 나누어 주면서 꾸준히 시장 조사를 한 덕분이지요.

③ 가 : 지금 이 시각에도 사고 현장에서는 구조 요원들의 구조 작업이 계속되고 있습니다. 이런 구조 작업을 계속 진행해도 되는 건가요?
나 : 지금 구조 요원들은 ________________________ 오직 사명감만으로 구조 작업을 진행하고 있는 것입니다.

④ 가 : 이경민 위원장의 신당 창당에 대해 여러 가지 의견이 있는데요.
나 : 네, 일각에서는 내부 갈등이나 반발을 드러내기도 했습니다.
이경민 위원장이 ________________ 돌연 신당 창당을 결정한 배경과 이유가 궁금하군요.

⑤ 지난 14일에 방송된 IBS 예능 프로그램 '내 마음을 담아서'에서는 김한나가 걷지 못하는 친언니와 함께 체코로 향하는 모습이 그려졌다. 이날 김한나는 ________________________ 친언니의 꿈을 이루기 위해 스카이다이빙에 도전하여 시청자들에게 감동을 선사하였다.

⑥ ____

2. AV-ㄴ/은 끝에

① 이번 신제품은 약 4년간 연구한 끝에 개발되었다.

② 오래 생각하고 고민한 끝에 결정을 내려야 후회할 일이 없을 것이다.

③ 고생 끝에 낙이 온다.

※ 'AV-ㄴ/은 끝에'를 사용하여 대화를 완성해 보십시오.

① 가 : 김현우 씨, 유지나 씨가 김현우 씨의 전역을 몹시 기다렸는데 심정이 어떠신가요?
나 : 네, 저도 ______________________ 전역을 할 수 있었습니다. 저를 2년이나 기다려 준 유지나 씨에게 감사드리고 앞으로도 좋은 만남을 이어가도록 노력하겠습니다.

② 가 : 어제 넥선이랑 삼송 경기 봤어? 어떻게 그렇게 끝날 수가 있을까?
나 : 나도 봤어. 역전에 역전을 ______________________ 넥선이 이겼더라고!

③ 가 : 박대성 씨, 은퇴를 계획을 밝히셨는데 혹시 부상 때문인가요?
나 : 네, 감독님과 ____________________ 은퇴 계획을 발표하게 됐습니다. 얼마 전에 부상 당한 무릎 상태가 나빠지지 않는다면 1년 더 현역을 유지하겠습니다만 그게 어렵다면 은퇴할 계획입니다.

④ 드라마 '불의 선물'이 모든 스태프와 배우들이 힘을 합쳐 ____________________________ 성황리에 촬영을 마쳤다.

⑤ ____

3. AV-ㄴ/은/는 마당에

① 이미 먹을 만큼 먹은 마당에 다이어트라니요?

② 함께 늙어 가는 마당에 가릴 것이 뭐가 있소?

③ 시험에 떨어진 마당에 밥이 넘어가겠어요?

<더 생각해 보기>

- 이미 신뢰가 **깨진 마당에** 더 이상 그 회사와 거래를 할 수 없습니다.
- 이미 신뢰가 **깨진 마당이라** 더 이상 그 회사와 거래를 할 수 없습니다.
- 이미 신뢰가 **깨진 마당이니** 더 이상 그 회사와 거래를 할 수 없습니다.

※ 'AV-ㄴ/은/는 마당에'를 사용하여 대화를 완성해 보십시오.

① 가 : 나랑 헤어져도 잘 지내. 나는 네가 행복했으면 좋겠어. 마지막으로 나한테 할 말 없어?

나 : ______________________ 무슨 할 말이 있겠어? 없어!

② 가 : 이번에도 예랑 회사에서 마감 날짜를 지키지 않았습니다. 사장님, 예랑 회사와 계속 거래를 하실 생각이십니까?

나 : 이미 ______________________ 더 이상 이 회사와는 거래를 할 수 없지.

③ 가 : 요즘 삼송에서 새로운 휴대폰이 나와서 바꿨는데 좋아. 너 휴대폰 고장 났다고 하지 않았어? 기왕이면 최신형으로 바꾸는 게 어때?

나 : 직장을 그만둬서 ______________________ 최신형은 무슨! 재취업할 때까지 그냥 쓰던 거 쓰려고.

④ 가 : 요즘에는 소포장 상품이 나와서 다 먹지 못해 버리는 과일이 많이 줄었어요.

나 : 맞아요. ______________________.

⑤ ______________________.

쓰기

※ 다음은 아래의 사진과 관련된 역사적인 사건에 관한 글입니다. 다음을 읽고 사건에 대해 생각해 보십시오.

극단의 감정 · 냉소주의 경계를

데이비드 스타인버그 美 조지타운大 아시아연구소장

세계는 김대중(金大中) 대통령과 김정일(金正日) 국방위원장간의 역사적 정상회담을 지켜봤다. 한국인들은 수수께끼 인물로 여겨졌던 김 위원장이 김 대통령과 수행원들에게 보낸 예상치 못한 대대적 환영으로 인해 황홀경에 빠졌다.

정상회담 기간 중 한국은 통일의 희망에 사로잡혀 있었다. 한민족에게 '통일' 이상의 감동을 주는 단어는 없다. 평양에서 두 정상은 '우리의 소원은 통일'을 함께 불렀다. 외국인들에게 이같은 한국인의 감동은 언뜻 이해하기 어려운 것일 수 있다.

비단 북받치는 감정에 눈물 흘리던 이산가족이 아니더라도 많은 남한 주민들은 한반도에서는 극히 이례적일 수밖에 없는 이 사건을 감동의 시선으로 바라보았다. 한국인들은 지역적 이질성에도 불구하고 하나의 민족이라는 이유로 눈물을 흘렸다. 북한의 독재 권력에도 유교적 가치는 녹아있기에 가족의 문제는 절대 무시할 수 없다. 한국인으로서의 동질성을 유지하려는 노력이 이 민족이 외세로부터 그들의 문화를 지키며 국가를 유지시켜 온 방식이었다.

한국인들은 동북아지역에서 가장 감정적인 민족으로 묘사되어 왔는데 이는 늘 긍정적으로 비춰진 것만은 아니다. 그러나 이번의 감정은 매우 순수한 것이다. 한국인들에게는 다른 나라와 달리 민족과 문화 언어 등이 하나다. 한민족에게 '우리나라', '우리민족'이란 단어의 의미는 지구상의 어느 다른 나라보다 의미가 깊다.

반면 희망이 커질수록 실망의 위험도 커진다. 따라서 이같은 극단적 행복감이나 실망 또는 통일에 대한 부당한 냉소주의에 빠져드는 것을 경계해야 한다. 김대중 대통령의 장기 비전과 햇볕정책에 대한 신뢰가 더욱 중요하다. 한국은 공동의 목표를 향해 함께 나아가야 할 시기이다.

연습하기

※ 여러분이 생각하는 인상 깊었던 역사적인 사건에 관한 사진을 찾아보십시오.

※ 그 사건에 대해 자신의 생각을 담아서 서술해 보십시오.

부록1. 3과 쓰기 - 강연듣기

교 수: 여러분은 '가족'이 무엇이라고 생각합니까? 앞서 본 영화는 7명의 주인공이 '혈연'이 아닌 '관계'를 통해 진정한 하나의 가족이 되어 혈연 그 이상의 감동을 보여줬습니다. 우리는 '피를 나눈 가족' 만이 가족이라고 생각하지만 이 영화는 그런 고정관념을 과감하게 깨고 있습니다. 유교적 전통이 강한 한국인의 정서를 정면으로 맞서며 가족의 의미와 역할을 되돌아보게 하죠. 그래서 이번 시간에는 2000년대에 들어와서 한국 가정의 변화와 그 변화로 인해 등장한 새로운 가정의 형태에 대해 같이 이야기해 볼까 합니다.

여러분도 알다시피 우리나라는 혈연에 대한 집착이 아주 강하고 공동체를 강조하는 사회였습니다. 하지만 산업화, 도시화를 거치고 세계화의 흐름과 더불어 개방성과 다원주의가 한국 사회를 빠르게 변화시켰습니다. 그래서 한국 가정도 외적으로 참 많이 변했죠. 3대 이상이 함께 모여 사는 대가족은 말할 것도 없고 이제는 3인, 4인의 핵가족마저 눈에 띄게 줄었습니다. 오히려 1인 가족, 다문화가족, 대안가족과 같은 다양한 형태의 가족이 등장하고 이혼하는 가정이 늘어나면서 한 부모 가족이 급증하고 동시에 재혼가족도 늘어나는 등 결혼 풍속도 달라졌습니다. 만혼이 늘고 노인 부부만 사는 가정도 많아졌어요. 무엇보다 결혼과 가정의 가치관이 달라진 것이 눈에 띕니다. 이제 젊은 층에서 결혼은 필수가 아니라 선택이고, 이제 꼭 부모를 모신다거나 장남만 모신다는 등의 고정관념도 사라졌지요.

여기 이 표를 같이 보죠. 2035년에는 1인 가구 수가 3인, 4인의 가구 수보다 훨씬 많습니다. 2035년에는 1인가구가 3가구 중 1가구꼴에 달할 것 같은데요, 이는 비단 우리나라만의 얘기가 아닙니다. 1인 가족의 증가 추세는 세계적인 현상이기도 합니다.

그렇다면 1인 가구가 이렇게 급증하는 이유는 뭘까요? 요즘은 젊은 사람들을 중심으로 결혼을 미루거나 아예 하지 않는 미혼과 결혼 후 이혼하는 사람이 증가하고 있습니다. 또 어느 정도 성장한 자녀들이 출퇴근을 편하게 하려고 부모와 떨어져 사는 경향도 눈에 띄게 심해졌어요. 여기에 100세 시대가 눈앞에 닥칠 정도로 수명이 길어지면서 배우자와 사별한 채 혼자 살아가는 고령자의 증가도 한 몫 합니다. 하지만 학자들은 많은 사람들이 '혼자 살기'를 택하는 가장 큰 이유로 '개인 성취와 가치를 중시하는 개인주의가 확산되면서 1인 가구가 늘었다고 봅니다. 그러니까 개인의 삶을 중시해 대가족으로 살다 핵가족으로 변한 것처럼 이제는 1인 가구로 사는 것이죠.

이와 달리 1인 가구 증가를 특별하지 않은 현상, 즉 사회문제로 여지기 않는 학자도 있습니다. 생명이 홀로 존재하는 것은 너무나 당연하고 최초의 인간도 혼자 살았을 가능성이 크다는 거죠. 따라서 혼자 사는 사람이 증가한다고 해서 사회가 갑자기 후퇴하거나 전진하는 것으로 보지 않고 이를 보편적인 현상으로 보고 이것 또한 하나의 진화 과정일 수 있다고 생각하는 겁니다.

부록2

1. 한국 사회의 변화의 원인

:산업화, 도시화를 거치고 세계화의 흐름과 더불어
개방성과 다원주의가 한국 사회를 빠르게 변화시킴

2. 새롭게 등장한 가족의 형태는 무엇인가?

: 1인 가족, 다문화가족, 대안가족과 같은 다양한 형태의 가족이 등장

3. 1인 가구의 급증의 원인

① 미혼과 이혼의 ↑

② 부모와 떨어져 사는 경향○

③ 고령자 ↓

※ 학자들이 말하는 1인 가구 급증의 가장 큰 원인은?

: 개인 성취와 가치를 중시하는 개인주의가 확산

↔ 1인 가구의 급증을 사회문제로 보지 않는 이유는?

: 혼자 사는 사람이 증가하는 것은 보편적인 현상이며 이것 또한 하나의 진화 과정

1 철학과 삶

어휘 학습 p.5

1.
① 겨냥해
② 후유증
③ 전대미문
④ 곯아떨어졌어
⑤ 더듬더듬
⑥ 앞가림

2.
① 유포한
② 봉쇄할
③ 도달할
④ 관철할
⑤ 타락한

3.
① 얼굴을 감싸고
② 실수를 감싸며
③ 딸만 감싸시는

4.
① 사막
② 목마름
③ 공포감
④ 생존자
⑤ 영양실조
⑥ 비인간적
⑦ 소홀히
⑧ 아동학대
⑨ 양육권
⑩ 성립되었으면

문법 및 표현

읽고 말하기 p.7

1. (아무리) V-기로서(니)
① 늦었기로서니
② 가장인 네가 일을 그만 두면 되겠니?
③ 아무리 마감이 가깝기로서니
④ 돈으로 달라고 하는 건 너무 심하지 않아?
⑤ 아무리 힘들기로서니
⑥ 남자친구한테 차였기로서니
⑦ 자유대답

2. V-던 터에
① 고향음식을 먹고 싶었던 터에 친구가 요리를 해 주었다.
② 영화관에서 혼자 영화를 보고 집으로 돌아가고 있던 터에 얼마 전에 헤어진 여자/남자친구를 우연히 만나게 되었다.
③ 부상으로 오랜만에 경기에 출전했던 터에 부담스러웠지만 즐기려고 노력했다.
④ 어느 학교로 진학을 할까 망설이고 있던 터에 선생님께 조언을 구하기로 했다.
⑤ 집들이로 손님맞이를 준비하고 있던 터에 갑자기 배가 아파서 음식 준비를 제대로 하지 못하게 되었다.
⑥ 마음에 두고 있던 후배에게 데이트 신청을 하려고 한참을 고민하던 터에 친구의 조언을 듣고 용기를 내어 전화를 걸었다.

3. V-노라면
① 생활고에 지쳐 목숨을 버리는 사연들을 보고 있노라면 이 문제를 개인만의 문제로는 볼 수 없는 상황에 온 것 같다.
② 따끈한 차 한 잔에 좋아하는 시인의 시를 읽노라면 마치 온돌방에 누운 것처럼 따뜻하고 훈훈하네요.
③ 어눌한 말투지만 환한 웃음을 보고 있노라면 선생님의 서민적이고 소탈한 마음씨를 느낄 수 있을 것 같습니다.
④ 싱그러운 공기를 만끽하며 자연 속을 거닐고 있노라면 지친 몸과 마음이 치유되는 듯해요.
⑤ 작고 아기자기한 글씨를 유심히 들여다보노라면 오래 전부터 알던 친구를 만난 느낌이 듭니다.

4. V-ㄹ/을망정
① 결혼을 못할망정
② 과음을 했을망정
③ 중간에 포기할 수는 없어요
④ 아무 감정도 없는 남자와 어떻게 만나니!
⑤ 가치관이 나와 다를망정
⑥ 자유대답

듣고 말하기 2 p.11

1. V-ㄹ/을진대

① 이렇게 복잡한 문제는 전공한 사람도 어려울진대 한 번에 다 이해했다니 참으로 영특한 학생이구나!
② 연말이라 다들 바쁠진대 너무 자주 만나는 것도 생활에 지장을 주는 것 같아요.
③ 지금도 그 사람의 진심을 믿지 못할진대 시간이 지난다고 알겠어요?
④ 열심히 일한 대가를 받는 것은 당연할진대 오히려 희생과 봉사로 생각했다니요?
⑤ 운도 실력일진대 이번 우승은 그동안 노력한 결과일 것입니다.

쓰기

	중요 어휘	중심내용
가 문단	행복	사람들은 눈앞에 드러난 모습만 보고 행복하다고 생각한다.
나 문단	연예인	연예인들은 행복해 보이지만 고통스러운 노력의 시간을 보낸다.
다 문단	규칙적이고 꼼꼼한 생활습관	찰스 디킨스는 규칙적인 생활로 명작을 쓸 수 있었다.
라 문단	행운 / 재앙	갑자기 찾아든 행운은 재앙이 될 가능성이 많다.
마 문단	좋은 습관	꾸준히 계속할 수 있는 습관을 만들어 보자
바 문단	규칙적인 생활습관	규칙적인 생활습관은 곧 성공의 지름길이다.
사 문단	습관	나에게 도움을 줄 수 있는 습관을 만들어 보자.

연습하기

① 순자는 인간의 본성은 악하다고 주장했다.
② 아리스토텔레스는 행복을 중요하게 생각하며 중용을 실천하는 삶을 강조하였다.
③ 서양 철학에서 인간을 보는 관점으로는 인간을 동물로 보는 견해와 인간을 동물이 아니라고 보는 견해로 나눌 수 있다.

2 환경과 미래

어휘 학습 p.15

1.
① 한층
② 불가피하
③ 물씬
④ 복원하는
⑤ 발돋움

2.
① 절실하다
② 가공하면
③ 직결되므로
④ 만발했다
④ 기인한다

3.
① 몸에 밴
② 냄새가 배었다
③ 새끼를 밴

4.
① 조성하여
② 개간하는
③ 휩쓸려
④ 하소연하
⑤ 우려한
⑥ 우후죽순
⑦ 막대한
⑧ 악화되었다
⑨ 폭설
⑩ 차단되
⑪ 철저한

문법 및 표현

듣고 말하기 1 p.17

V-(으)냐/느냐 V-(으)냐/느냐

① 잠을 잘 시간이 많으냐 적으냐는 퇴근 시간에 달려 있다.
② 공부를 잘하느냐 못하느냐는 수업 시간에 집중하기에 따라 달라진다.

③ 돈을 버는 것은 기회가 있느냐 없느냐의 차이일 뿐이다.
④ 투자는 소유자금이 여윳돈이냐 아니냐에 따라 추구하는 수익률과 감수해야 할 투자 위험이 달라진다.
⑤ 자유대답
⑥ 자유대답

읽고 말하기 P.18

1. V-ㅁ/음에 따라서
① 제품의 품질이 좋아짐에 따라서 값도 비싸진다.
② 유가가 많이 오름에 따라서 국내 기름값도 조만간 오를 것이다.
③ 미국 증시가 무너짐에 따라서 경제가 어려워질 것이다.
④ 깨끗한 공기가 유입됨에 따라서 미세 먼지 농도가 낮은 청정한 대기 상태가 유지될 것이다.
⑤ 올해 7월 한국어 능력 시험이 바뀜에 따라서 예년에 비해 합격률이 낮아질 것으로 예상된다.
⑥ 심리학 연구는 과학적임에 따라서 객관성이 있고 엄격하게 진행되어야 한다.
⑦ 노인 문제가 점점 심각해짐에 따라서 노인 복지에 대한 정책이 개선되어야 한다.
⑧ 자유대답

2. V-ㄴ/은/는 까닭에
① 두 사람 모두 학생인 까닭에 지금 당장 결혼하는 것은 불가능하다.
② 나는 아이의 성격을 아는 까닭에 아이를 혼자 있게 하지 않았다.
③ 밤새 눈이 많이 내린 까닭에 버스가 운행되지 않았다.
④ 1997년 IMF 사태로 인하여 한국의 경제가 어려워진 까닭에 쓸데없는 소비를 줄여야 했다.
⑤ 청소년의 성 문제가 많이 일어나고 있는 까닭에 각 학교별로 효과적인 성교육이 실시되어야 한다는 목소리가 높아지고 있다.
⑥ 그 기사는 매우 중요한 까닭에 오늘 신문 1면에 실어야 한다.
⑦ 사람은 사회적 동물인 까닭에 혼자 살 수 없다.
⑧ 자유대답

듣고 말하기 2 P.20

1. DV-기가 이를 데(가) 없다
① 황홀하기가 이를 데 없어.
② 답답하기가 이를 데 없어.
③ 간단하기가 이를 데 없어요.
④ 난해하기가 이를 데 없어.
⑤ 심란하기가 이를 데 없어.
⑥ 자유대답
⑦ 자유대답

2. AV-(으)려야 -(으)ㄹ 수가 없다
① 한국 음식을 이야기하자면 김치를 말하지 않으려야 않을 수 없지요.
② 지금까지 그 사람만큼 사랑했던 사람이 없어서 잊으려야 잊을 수가 없어요.
③ 사회생활을 할 때 인간관계가 중요해서 술을 안 마시려야 안 마실 수가 없어.
④ 사진을 찍고 싶은데 배터리가 없어서 사진을 찍으려야 찍을 수가 없어요.
⑤ 자유대답

3 관혼상제

어휘 학습 p.29

1.
① 태연한거죠
② 관습적
③ 정성껏
④ 이왕
⑤ 헌신적
⑥ 알차게

2.
① 간소하게
② 기재해
③ 대행하고
④ 상응하는
⑤ 무색할

3.
① 얼굴이 굳는다
② 떡이 굳어
③ 말버릇이 굳
④ 몸이 굳어서

4.
① 불화
② 추세
③ 되풀이되다가
④ 원망하기
⑤ 베풀어
⑥ 온전하고
⑦ 되새겨보자
⑧ 엄숙한
⑨ 이실직고
⑩ 양가
⑪ 장만했다
⑫ 일생일대
⑬ 체면
⑭ 오죽
⑮ 여력

문법 및 표현

읽고 말하기 p.31

1. N을/를 막론하고
① 이유 여하를 막론하고
② 동서고금을 막론하고.
③ 남녀를 막론하고
④ 여야를 막론하고
⑤ 지위 고하를 막론하고
⑥ 자유대답

2. V-(으)랴마는
① 외국어를 배우는 것이 쉬우랴마는 끝까지 포기하면 안 돼요.
② 그날의 억울함을 어찌 잊을 수 있으랴마는 이제는 그 사람을 용서할 때가 되었다.
③ 단풍이 아름답지 않은 산이 있으랴마는 그래도 설악산의 단풍이 단연 최고이다.
④ 어머니의 생신을 잊어버리는 자식이 있으랴마는 그래도 모르니 언급해 주는 게 좋겠다.
⑤ 자유대답

듣고 말하기 2 p.33

1. V-ㄴ/은/는 이상
① ①
② ①
③ ②
④ ②
⑤ ①

① 비가 그치지 않는 이상
② 살을 빼겠다고 다짐한 이상
③ 없는 이상
④ 참여하겠다고 마음먹은 이상
⑤ 서명을 한 이상/도장을 찍은 이상
⑥ 건강관리를 하지 않는 이상
⑦ 자유대답

쓰기 p.35

1.
① 기제
② 차례

2.
① 후손의 도리
② 가족의 건강과 가문의 번영 기원함.

3.
1) 통치하기 위한 도구
2) ① 가부장제
② 종묘에서 제사를 지냄

4.
① 형식적인 절차

연습하기 p.36

부록 - p.90 참조

4 인천의 명소

어휘 학습 p.37

1.
① 자태
② 침략
③ 수준급
④ 탐방
⑤ 문물
⑥ 양식

2.
① 우아한
② 대항하여
③ 배반하는
④ 소박한
⑤ 실감났다

3.
① 성격이 담백해서
② 색이 담백하여
③ 맛이 담백한

4.
① 고스란히
② 간직한
③ 구조물
④ 고즈넉하다
⑤ 현존하는
⑥ 고심하고
⑦ 등재된
⑧ 웅장한
⑨ 개화기
⑩ 낙락장송
⑪ 명소

문법 및 표현

듣고 말하기 1 p.39

1. V-지 않고서는 (AV-ㄹ/을 수 없다)
② 학생들의 다양한 학습 요구를 맞추지 않고서는 프로젝트가 성공할 수 없다.
③ 아이를 자유롭게 두지 않고서는 아이들과의 관계를 회복할 수 없다.
④ 학생증을 가져오지 않고서는 도서관에 들어갈 수가 없다.
⑤ 꿈을 가지지 않고서는 인생을 즐길 수 없다.
⑥ 새로운 정보를 습득하지 않고서는 정보화 시대를 살아갈 수 없다.
⑦ 국민들의 생활에 관심을 가지지 않고서는 다음 선거에서 당선될 수 없다.
⑧ 자유대답

읽고 말하기 p.40

1. V-다 보니(까) 그로 인해
① 토론의 올바른 방법을 모르다 보니 그로 인해 충동적으로 즉흥 발언을 하는 것이다
② 장마철이 계속 되다 보니 그로 인해 채소 값이 천정부지로 치솟았다.
③ 취업문이 좁다 보니 그로 인해 졸업을 미루는 대학생이 늘고 있다.
④ 출산과 육아의 부담이 많다 보니 그로 인해 결혼을 미루는 여성이 늘고 있다.
⑤ 경력이 많다 보니 그로 인해 경험에서 나오는 노하우가 많다.

2. V-ㄴ/는댔자
① 저 식당 음식이 맛있댔자 얼마나 맛있겠어요?
② 팅팅 씨가 부자랬자 얼마나 부자겠어요?
③ 열심히 일한댔자
④ 공부한댔자 성적이 오르겠어요?
⑤ 급하게 다이어트를 한댔자
⑥ 자유대답

듣고 말하기 2 p.42

1. V-겠거니 하다
① 가까운 거리라 20분이면 약속 장소에 도착하겠거니 하고 천천히 준비했는데 길이 막혀 1시간이나 걸렸다.
② 친한 친구여서 알아서 돈을 갚겠거니 하고 독촉을 하지 않았는데 1년이 지난 지금도 소식이 없다.
③ 나이가 어려 결혼을 안 했겠거니 하고 소개팅을 주선하려고 했는데 알고 보니 두 아이의 엄마였다.
④ 내 책상 위에 꽃바구니가 놓여 있으니 나에게 온 선물이겠거니 하고 꽃바구니에 있는 카드를 읽었는데 잘못 배달된 것이었다.
⑤ 자유대답
⑥ 자유대답

2. V-ㄹ/을지언정
① 공부를 계속하면 큰돈을 벌기 힘들지언정 학업을 포기하지는 않겠다.
② 숙제를 못 해서 선생님께 꾸중을 들을지언정 친구의 부탁을 거절하지 않겠다.
③ 사업에 실패해서 사람들의 비웃음을 살지언정 꿈을 포기하지 않겠다.
④ 친한 친구일지언정 돈 문제는 정확하게 하자는 말을 꼭 하겠다.

⑤ 시험을 못 볼지언정 양심에 거리끼는 행동은 하지 않겠다.
⑥ 자유대답

5 합리적 소비

어휘 학습 p.49

1.
① 너그러운
② 해지하려고 해
③ 부랴부랴
④ 애써
⑤ 시초
⑥ 잠재력

2.
① 국한된
② 부과된다
③ 토로했다
④ 책정했다
⑤ 능가했다

3.
① 후보로 내세우며
② 의견을 내세우며
③ 불량배를 내세우며
④ 업적을 내세우며

4.
① 상환
② 마일리지
③ 발권하면
④ 무리한
⑤ 대출금
⑥ 마케팅
⑦ 선정되었다.
⑧ 실직
⑨ 사업가
⑩ 퍼지자
⑪ 한솥밥을 먹게

문법 및 표현

듣고 말하기 1 p.51

V-ㄹ/을지니
① 학생은 학업에 집중해야할지니 아르바이트는 방학처럼 여유가 있을 때 하는 것이 좋겠네.
② 하나의 작은 움직임이 큰 기적을 부를지니 희망을 버리지 말고 기다려야 하네.
③ 죄를 지으면 벌을 받는 것이 당연할지니 정치인이라도 피해갈 수는 없습니다.
④ 사람은 모두 타고난 얼굴이 가장 예쁠지니 굳이 성형 수술을 할 필요가 있겠는가?
⑤ 그 남자의 말은 아마 거짓말이었을지니 다시 한 번 확인해 볼 필요가 있네.

읽고 말하기 p.52

1. AV-ㄴ/은 바(가) 있다/없다
① 팅팅 씨는 예전에 미국에서 유학을 한 바가 있어요.
② 예전에 서울 시장을 역임한 바가 있어서
③ 아직 확정된 바는 없다고 합니다
④ 동계올림픽을 유치한 바가 있으니 최고의 시설과 환경을 보유하고 있어서 증가한 것 같습니다.

2. V-ㄹ/을 나위가 없다
① 말할 나위가 없이 최고의 영화야.
② 더할 나위 없이 좋은데요.
③ 학생들에게는 두말할 나위 없이 좋은 곳인 것 같아요.
④ 더할 나위 없이
⑤ 자유대답

듣고 말하기 2 p.54

1. V-ㄴ/는답시고
① 예쁘답시고
② 다이어트를 한답시고
③ 혼자 문제를 해결한답시고 버티다가
④ 영어공부를 한답시고
⑤ 자유대답

2. N은/는 차치하고(=차치하더라도)
① 관계 회복은 차치하고
② 비용 문제는 차치하고
③ 금융 시스템의 이해는 차치하고
④ 신속한 구조는 차치하고

쓰기 - 연습하기 p.58

① 의 순이다.
② 지속적으로
③ 꾸준하게
④ 월등하게
⑤ 이르렀다
⑥ 못 미치고
⑦ 으로 전망된다.

6 변화하는 가족

어휘 학습 p.59

1.
① 약속하다고
② 기필코
③ 역력하네요
④ 나름
⑤ 파벌

2.
① 모면할 수 있도록
② 가세하는
③ 남발하는
④ 가늠해
⑤ 소강되었던

3.
① 대회가 열렸다
② 창문이 열려
③ 시대가 열릴

4.
① 서술해
② 변천사
③ 인습
④ 고소당하는
⑤ 도리어
⑥ 잡아떼는
⑦ 앞둔
⑧ 시댁
⑨ 파고드는
⑩ 인내
⑪ 강인하게
⑫ 충실하게

문법 및 표현

듣고 말하기 1 p.61

V-ㄹ/을라치면
① 끊을라치면 옆 사람이 자꾸 담배를 권해서요.
② 갈라치면 자꾸 배가 아파서요.
③ 먹을라치면 할 일이 생각나서 먹지 못했어요.
④ 할라치면 일이 너무 바빠져서 아직 못 했어요.
⑤ 외출을 할라치면
⑥ 식사량을 줄일라치면 텔레비전에서 맛있는 음식에 대한 정보가 나와서 참기가 어려워요.
⑦ 자유대답

읽고 말하기 1 p.62

1. V-던 터라
① 어렸을 때부터 안경을 지겹게 썼던 터라 시력 교정 수술을 하고 싶다.
② 우리는 모두 배가 고팠던 터라 자장면 곱빼기를 단숨에 해치웠다.
③ 그는 부모님의 속을 썩이는 문제아였던 터라 그의 개과천선은 주위 사람들을 깜짝 놀라게 했다.
④ 나는 일기를 매일 써 왔던 터라 수필을 쓰는 데에 큰 어려움이 없었다.
⑤ 김수형은 많은 작품에서 늘 호평을 받아 왔던 터라 이번에 개봉하는 영화에서도 그의 연기를 기대하는 관객이 많다.

2. V-ㄴ/은/는 양
① 좋은 사람인양
② 진실인 양
③ 준비를 다 끝낸 양
④ 돈이 많은 양
⑤ 연인인 양 따뜻하게 쳐다보는 눈빛이 수상해서
⑥ 자유대답

3. V-던 차에
① 집에 가려던 차에
② 유학을 고민하던 차에
③ 막 잠에 들려던 차에
④ 사고 싶은 가방이 있었던 차에

⑤ 일자리를 알아보던 차에
⑥ 자유대답

듣고 말하기 2 p.65

1. **DV-기 짝이 없다.**
① 안일하기 짝이 없어요.
② 황당하기 짝이 없네요.
③ 유치하기 짝이 없네.
④ 무례하기 짝이 없군.
⑤ 한가롭기 짝이 없어요.
⑥ 자유대답

2. **AV-고서(야)**
① 아이가 생기고서야 담배를 끊었네요.
② 물어보고서야 알 수 있을 것 같은데요.
③ 여기에 도착하고서야
④ 헤어지고서야 진심을 알게 되었어.
⑤ 정상에 도착하고서야
⑥ 자유대답

3. **V-ㄴ/은/는 축에 들다**
① 가격이 비싼 축에 들어요.
② 나이가 어린 축에 들어서
③ 이만하면 영화가 흥행한 축에 들어 안심입니다.
④ 또래에 비해서 어려보이는 축에 드네요.
⑤ 어렵지 않은 축에 들어요.
⑥ 자유대답

7 지식의 길

어휘 학습 p.71

1.
① 누누이
② 심통
③ 합의점
④ 연로하시니
⑤ 진지하고
⑥ 무심코

2.
① 유도했다
② 입증했다
③ 미진한
④ 조율하고
⑤ 숙련된

3.
① 엄살을 떨며
② 다리를 떠는
③ 목소리를 떨며
④ 능청을 떨며

4.
① 치열한
② 교육열
③ 원동력
④ 암기식
⑤ 조화롭게
⑥ 학력
⑦ 장기적
⑧ 창의력
⑨ 예의범절
⑩ 형성되므로
⑪ 진수였다
⑫ 고성
⑬ 망치는
⑭ 혼란

읽고 말하기 p.73

1. **V-거늘**
① 윗물이 맑아야 아랫물이 맑거늘
② 흥정은 붙이고 싸움은 말린다고 했거늘
③ 만병의 근원이거늘
④ 오르고 또 오르면 못 오를리 없거늘
⑤ 자유대답

2. **N(으)로 하여금**
① 시청자들로 하여금
② 이용자로 하여금
③ 관객들로 하여금
④ 구직자들로 하여금
⑤ 자유대답

3. **V-ㄹ/을/는 성싶다**
① 어려운 일이 아닐 성싶네요
② 불어날 성싶어요
③ 맛있을 성싶어요
④ 최적일 성싶어
⑤ 자유대답

듣고 말하기 2 p.76

1. **N을/를 비롯하다**
① 껌과 오징어를 비롯한
② 카페를 비롯해서
③ 건축학 개론을 비롯하여
④ 햄릿, 리어왕, 오셀로, 맥베스를 비롯하여
⑤ 어린이날, 어버이날을 비롯하여

8 한국 현대사

어휘 학습 p.81

1.
① 비극
② 이념
③ 공권력
④ 정세
⑤ 가해자

2.
① 희망차다
② 규정하였다
③ 실감이 나게
④ 결의하였다
⑤ 굵직한

3.
① 관리가 허술해서
② 옷차림이 허술한
③ 경비가 허술하면

4.
① 재조명되
② 군사
③ 조국
④ 명분
⑤ 종결되
⑥ 체감하
⑦ 대비되는
⑧ 정복되
⑨ 협상
⑩ 피난

문법 및 표현

읽고 말하기 p.83

1. **AV-기가 무섭게**
① 끝나기가 무섭게
② 우유를 마시기가 무섭게
③ 익기가 무섭게
④ 켜지기가 무섭게
⑤ 자유대답

듣고 말하기 2 p.84

1. **N을/를 무릅쓰고**
① 부모님의 반대를 무릅쓰고
② 부끄러움을 무릅쓰고
③ 죽음을 무릅쓰고
④ 내부 갈등이나 반발을 무릅쓰고
⑤ 고소공포증을 무릅쓰고
⑥ 자유대답

2. **AV-ㄴ/은 끝에**
① 2년을 기다린 끝에
② 거듭한 끝에
③ 상의 끝에
④ 노력한 끝에
⑤ 자유대답

3. **AV-ㄴ/은/는 마당에**
① 이미 헤어진 마당에
② 신뢰가 깨진 마당에
③ 돈도 없는 마당에
④ 혼자 살아서 많이 사도 다 먹지 못하는 마당에 소포장 상품이 많이 나와서 다행이에요.
⑤ 자유대답

〈참고 문헌〉

1과 쓰기

인문학으로 쓰는 자기 소개서, 일상 리추얼(Daily Ritual) 만들기, 그대는 어떤 습관대로 살고 있습니까? 안광복, 2014, 일부 내용 편집 및 수정

5과 쓰기

콘텐츠산업 통계조사, 문화산업 매출액, 문화체육관광부, 2014

8과 쓰기

극단의 감정 냉소주의 경계를, 데이비드 스타인버그, 한국일보, 2000.6.22. 내용 일부 편집 및 수정

8과 쓰기 사진

김대중 대통령 평양순안공항 도착시 김정일 북한 국방위원장과 포옹, CET0089110, 국가기록원

김대중 대통령 김정일 북한 국방위원장과 1차 남북 정상회담1, CET0089112, 국가기록원

새인하한국어6

2014년 09월 10일 초판 발행
2024년 12월 20일 3쇄 발행
저　자 : 최권진, 남은영, 오솔샘, 정경화, 이희순
발행처 : 인하대학교 출판부
주　소 : 인천광역시 남구 인하로 100
전　화 : 032) 860-8301
등　록 : 1979년 5월 23일 남구 제13호

인쇄·편집 : 진원디자인프린텍
032) 467-4544~5

ISBN 978-89-7407-967-3 14700
978-89-7407-961-1(세트) 14700

정가 : 15,000원